博物馆文化教育与数字化建设探索

伏胜磊 薄 萍 苏云峰◎著

图书在版编目（CIP）数据

博物馆文化教育与数字化建设探索 / 伏胜磊, 薄萍, 苏云峰著. -- 北京：中国书籍出版社, 2023.12

ISBN 978-7-5068-9633-7

Ⅰ.①博… Ⅱ.①伏… ②薄… ③苏… Ⅲ.①博物馆—文化教育—数字化—研究 Ⅳ.①G266

中国国家版本馆CIP数据核字(2023)第213496号

博物馆文化教育与数字化建设探索
伏胜磊　薄　萍　苏云峰　著

图书策划	邹　浩
责任编辑	李　新
责任印制	孙马飞　马　芝
封面设计	博健文化
出版发行	中国书籍出版社
地　　址	北京市丰台区三路居路 97 号（邮编：100073）
电　　话	（010）52257143（总编室）　　（010）52257140（发行部）
电子邮箱	eo@chinabp.com.cn
经　　销	全国新华书店
印　　厂	北京四海锦诚印刷技术有限公司
开　　本	710 毫米 × 1000 毫米　1/16
印　　张	6.5
字　　数	121 千字
版　　次	2024 年 4 月第 1 版
印　　次	2024 年 4 月第 1 次印刷
书　　号	ISBN 978-7-5068-9633-7
定　　价	68.00 元

版权所有　翻印必究

前　言

　　博物馆历来具有收藏、研究、教育三大职能，深入开发其教育职能是当代博物馆肩负的重要任务，它对于加深自然和科学观念、弘扬民族精神、进行爱国教育等方面来说意义非凡。近年来，随着科技进步和文化资源发掘研究的发展，博物馆数字化建设也受到了重视，不仅能提高文化资源的利用率，还可以更好地满足公众对文化资源的需求，为人类信息的认知提供别样的体验。基于此，本书从博物馆的服务理念入手，深入研究了博物馆的文化教育基础，并针对不同项目的文化教育策划与实施展开探讨，并对于数字化博物馆的基本概念、资源建设和交互式技术展开全面阐述，旨在为博物馆的相关管理者与建设者提供一定的参考与借鉴。

　　本书在撰写过程中，得到了同仁的大力支持，书中参考并借鉴了多位学者的专著、论文以及部分学者的研究成果，在此表示感谢。

　　由于作者水平有限，加上时间仓促，书中的疏漏和不足在所难免，恳请各位学者及读者提出宝贵的意见和建议，以便今后修改完善。

目 录

第一章 博物馆文化教育基础 ... 1

第一节 博物馆的服务理念 ... 1
第二节 博物馆的文化教育使命 ... 3
第三节 博物馆的文化教育特色 ... 6
第四节 博物馆文化教育与学习理论 ... 8
第五节 博物馆教育活动 ... 10

第二章 博物馆文化教育策划与实施 ... 16

第一节 体验探究式教育策划与实施 ... 16
第二节 拓展式教育策划与实施 ... 22
第三节 艺术教育策划与实施 ... 29
第四节 地域文化教育策划与实施 ... 32

第三章 数字化博物馆与资源建设 ... 35

第一节 数字化博物馆的概念与特点 ... 35
第二节 数字化博物馆的地位与作用 ... 43
第三节 数字化博物馆的功能与教育意义 ... 46
第四节 数字化博物馆资源概述 ... 50
第五节 数字化博物馆资源采集 ... 55
第六节 数字化博物馆资源管理 ... 63
第七节 数字化博物馆资源利用与保护 ... 65

第四章　数字化博物馆的交互式叙事 ································· 73

第一节　数字化博物馆交互式技术 ································· 73

第二节　数字化博物馆的交互式叙事系统 ························· 78

第三节　数字化博物馆的交互式叙事体验 ························· 86

参考文献 ··· 97

第一章　博物馆文化教育基础

第一节　博物馆的服务理念

一、博物馆的服务与运营

美国博物馆专家古德曾说过："博物馆不在于它拥有什么，而在于它以其拥有的资源做了什么。"西方博物馆界历来将其奉为圭臬。现代博物馆的服务理念在教育理念的影响下发生了重大变化，即由传统的"以藏品为中心"向"以观众为中心"过渡，由注重保管与研究向注重展示教育与社会服务并重过渡。

观众与藏品和陈列的地位一样，也是博物馆组成中必不可少的基本元素。观众是博物馆赖以生存的基础和服务对象，博物馆应该把观众当做文物一样地关心和爱护。一个博物馆没有观众来参观是不合格的，甚至不能称之为博物馆。博物馆的价值不仅仅取决于博物馆藏品的丰富性与精优性，更重要的是要看其鼓励受众参与和学习的效果。博物馆的责任主要在于尽力拓展每一位大众主动、有益地进行博物馆参观。①

以上观点体现了现代博物馆最为核心的运营理念，即博物馆作为代表公众利益、致力于服务于公众的公共机构，公众是其生命赖以维系的重中之重。同时，博物馆是现如今更具广泛意义的、服务于全社会的信息资料咨询中心、娱乐休闲场所以及文化教育机构。基于此，参观者应该是博物馆全部工作的起点与终点。

从如今的博物馆服务来看，展览及教育活动构成了机构为社会服务的主要方式和途径。同时，根据国际通用的展览教育评估框架，展览与教育活动的效果由观众是否接收到机构提供的优质的参观体验和良好的学习机会来决定。所以，作为博物馆来说，只做好收藏、保管以及研究藏品还远远不够，应该以此为基础，通过展览及教育活动来高质量地输出，为参观者时常更新能产生共鸣的学习和体验机会。

现代博物馆的经营和管理也需要厘清以下两方面：其一，每个博物馆拥有的可以用来

---

① 陈佩琳. 博物馆服务系统设计策略研究 [D]. 合肥：合肥工业大学，2019.

改建、扩建和改造陈列的经费都是有限的,所以博物馆不应将全部的希望都寄托于持续用展览乃至不断全面换新的方式给观众带来新鲜感,对中小型馆来说,情况更是如此。所以,在资金有限的条件下,真正有效的办法是发挥围绕展览、配套研究和藏品的教育项目的作用,通过不断创造与创新教育活动,吸引、维持和拓增受众群体,从而使博物馆长期保持强大的生命力。其二,良好的延伸与拓展型教育活动能给博物馆带来经济收益和社会影响力,增强各博物馆内部调节和保持自身活力的功能。需要强调的是,博物馆即使可以从政府拨款及其他社会资源中得到资助,但最后还是要依靠自己和社会公众的力量。

需要注意的是,博物馆在运行期间还必须牢记其作为一个城市或者区域的文化地标作用及其在经济和文化旅游方面所产生的辐射效应。在当下,博物馆作为当地的文化窗口,为其旅游业增添了活力,提升了城市的人文价值,是当之无愧的旅游经济新坐标。其实,各地区博物馆之所以能带动旅游经济,在许多情况下还在于其润物细无声的宣传与教化功能,通过提升品牌价值、树立精神核心来对旅游经济产生长期作用。

二、博物馆的服务理念

在博物馆事业蓬勃发展的今天,其职能定位已不是传统意义上的收集、收藏、保护和研究,而是更加注重博物馆对社会及社会发展的服务作用以及博物馆在文化传播与社会教育方面的作用。近年来,出现了"使文物焕发生命活力"和"带博物馆回家"的新理念,博物馆怎样为社会提供高质量的公共文化服务已成为博物馆事业的一个新命题。博物馆只有对其公共文化服务内涵有了正确的把握,才能够将其功用发挥到极致。

(一)博物馆的公共文化服务应着眼于维护公众的文化权利

博物馆是公共文化服务的载体和场所,维护公众文化权利,是博物馆致力于公共文化服务工作的重要表现和博物馆经营活动的终极目标。文化权利是做人所应拥有的一项基本权利,即每个人都有权享有文化成果,有权参加文化活动。公民拥有的这一权利构成了政府开展公共文化服务工作的基础,博物馆作为公共管理事业单位向社会公众提供公共文化服务,维护社会公众的文化权利,是博物馆义不容辞的职责与义务。

(二)博物馆的公共文化服务需要坚持以"人"为本

在博物馆发展的漫长岁月里,文物藏品始终被认为是博物馆最核心的元素,文物藏品收藏、保管也始终是博物馆最重要的职能。直至1974年,国际博物馆协会开始将服务于社会和促进社会发展列入博物馆定义,这标志着博物馆已开始从较为封闭的以"物"为本走向开放的以"人"为本。日本博物馆学家鹤田总一郎在 20 世纪 80 年代提出的"博物馆就是人与物的结合"的博物馆理念,使博物馆坚持以"人"为中心的社会服务理念得到更深层次的发展。博物馆在新时期首先要起到的主要作用就是教育,坚持以"人"为本,适应各种社会群体对文化的需求,为了更好地发挥博物馆社会教育功能和达到服务于社会和促进社会发展的目的而努力。

(三)博物馆公共文化服务应遵循非营利性、均等性和公共性原则

《国际博物馆协会章程》和我国的《公共文化服务保障法》《博物馆条例》中都明确规定了博物馆的非营利性。博物馆产品和服务区别于普通商业产品和服务,它是为满足大众文化需求、提升大众文化素养而设立的公益性文化机构,为社会提供免费的公共文化产品和服务。

与此同时,每一个公民都有权享受博物馆所提供的公共文化服务,且这个权利是平等而自由的,这既是国家政策法律的要求与规定,又是博物馆社会服务理念在博物馆中的反映。

博物馆公共文化服务所具有的公共性就更不用说了。其一,博物馆所收藏的文化遗产,是人类共有的文化遗产;其二,博物馆的开放性与可参与性亦均充分体现其公共性。博物馆的公共性为现代博物馆的产生提供了依据,使每一位公民享有分享人类文化财产的权利与机会。

上述特征是博物馆开展文化服务过程中应该遵循的主要原则。

第二节 博物馆的文化教育使命

作为现代国民教育体系的重要组成部分,博物馆的教育使命在于激发全体民众内在的求知欲望,拓宽他们的视野,增长他们的知识储备,并为他们的成长提供协助和促进。

"教育"在欧美博物馆的宗旨或使命中基本都被视为核心使命,是其不可或缺的一部分。因此,博物馆在开展工作时,势必要将"教育"作为一项重要任务来对待。在当今世界上,美国的博物馆教育已经达到了相当高的水平,几乎每一家博物馆都以"教育"为核心理念,将其融入到建馆宗旨之中。博物馆以清晰的教育使命为基础,明确了机构及其教育部门的责任和义务,确立了其在社会中的地位和生存价值,为其长期发展注入了永恒的活力。

值得特别提及的是，部分博物馆在进馆处明确张贴了其理想、愿景、使命、价值观等，以确保机构的立足之本深入人心，同时也能够让人们对博物馆进行监督和评价，在进入博物馆后随时审视其展示、教育、公共服务等方面是否恪守了自己的理想、愿景、使命和价值观。

然而，全球博物馆在20世纪的普遍情况仍是更注重对收藏品的搜集和整理，而教育功能则未能得到应有的重视。随着社会发展和人们生活水平的提高，近几十年来的博物馆开始意识到自己所扮演的重要角色，教育逐渐被赋予了更为重要的地位，成为备受关注的焦点。随着社会的发展和科学技术水平的不断提高，人们对于博物馆的认识也越来越深刻，对博物馆教育职能的理解更加全面和深入。当前，教育服务的职能已经成为大多数机构的核心工作，贯穿于各项活动之中，在继续深化对参观者主要组成部分——有组织的学生群体学习的支持力度之外，也更加注重对成人的教育。

美国学者斯蒂芬·韦伊曾指出，如今博物馆正面临着从"与物有关"到"为了人"的转变，这一转变将成为人们关注的焦点。这意味着我们需要重新审视博物馆的功能、价值以及未来发展方向。如果说博物馆的存在是为了满足公众的需求，那么它应该提供哪些措施以实现这一目标呢？这便是"为谁而服务"的问题了。以博物馆传统所聚焦的"物"为中心，这份供应物即为学习和教育。博物馆作为一种社会教育机构，核心价值在于通过各种方式向观众传递知识、信息及情感体验，主要目的和功能在于提供教育服务，这一点在整个西方社会中都得到了广泛认可。以下几个方面是其主要体现之处。

博物馆作为现代社会的象征之一，被赋予各种职能与期望，但最根本的还是一个教育文化机构。美国博物馆协会在1984年确定"教育"是博物馆经营的主要目的，教育功能使馆藏富有价值。与此同时，美国博物馆协会还对博物馆迈向未来的筹备工作进行了评估，并得出结论：博物馆教育潜力的开发还有待提高，其组织及工作重点都需进行变革。1990年，时任该协会CEO的小爱德华·埃博表示："博物馆第一重要的是教育，事实上教育已经成为博物馆服务的基石。"美国博物馆协会于1992年继续努力加强博物馆在教育中的作用，并提出《杰出与公正：博物馆教育与公众认识》一文，倡导博物馆在公共服务中重视教育，指出了教育在博物馆中的作用和影响力。虽然该文致力于把"教育"和"学习"放在博物馆运营中的中心地位的理念在现在看来无疑是正确的，但是在那个时代环境下却被认为有些激进。它是美国博物馆从较传统的、注重学术和艺术鉴赏的格局向新的格局转变的标志：尽管博物馆一直深耕于杰出的学术研究和艺术性，但是从这时起更注重吸引社区公众并服务于更多的受众。这就是对"公平"进行重视的开始。

一、博物馆应该是普通民众接受教育的地方

这一理念并不是近期才有的,美国学者詹金斯在其1880年的著作《博物馆之功能》中就已经提出了。1906年,美国博物馆协会成立,以"博物馆应成为民众的大学"为口号。就拿世界上最具规模和影响的博物馆群之一史密森博物学院来说,它就是一个全民博物馆,也就是说不只是服务于有较高文化素养的观众,而是以一家国家级博物馆的胸怀与眼界,通过展示多元文化产品与服务以吸引各种各样的受众。除此之外还有克利夫兰艺术博物馆,它可以让参观者在现场临摹陈列中的艺术品,开创了美国博物馆的先河。时至今日,克利夫兰艺术博物馆的教育活动无论从内容上还是从形式上看,依然走在美国博物馆界的前沿。

二、博物馆为学习提供了一个极好场所

博物馆作为"第二课堂",其作用与地位已经得到了国际社会的公认。博物馆教育区别于学校教育之处在于:学校教育是一种以强制性形式出现的正式、正规教育;博物馆教育属于非正式、非正规教育,呈现出非强制性的特点。学校教育的主要方式是课堂教学,其形式较为单调,而博物馆教育的形式灵活多变。学校教育的对象主要以本校学生为主,而博物馆教育则面向所有民众。有学者指出,正规学习是指在校期间的学习,非正规学习和正规学习之间的区别就在于非正规学习具有自愿性,不存在任何既定序列或课程,它可出现于多种不同的情况,并且广泛存在。也有学者把非正规学习界定为一种自动自发的终身学习,它主要是由本身兴趣、好奇心、探索、操作、幻想、任务达成与社群互动等而被激发出来。这里所说的社群互动,非正规学习一般都会涉及家庭成员及同伴团体之间通过游戏这一因素进行互动。博物馆的非正规学习主要是通过计划性教育活动及展示导览来进行的。

时过境迁,博物馆和学校在职能上完全能够相辅相成,课堂上的学习往往只限于课本、讲授内容、多媒体和实验,而博物馆能够为这些理论知识提供实物范例、程序、自然环境以及历史沿革等,因此在这两个组织共同协作时,就可以给青少年以极好的教育机会,并同时促进双方之间建立牢固且有益的联系。事实上,在当前教育领域中,人们对正规学习和非正规学习之间的区别和边界还存在着日益增加的质疑,如学校可以利用非正规实践活动,而非正规学习环境也一样能够作为课堂的开展地点。从这个角度来说,真正的问题更多的在于如何让正规教育与非正规教育相辅相成,造福受教育者。

三、博物馆成了终身教育大学堂

博物馆教育是一种社会教育和终身教育，不同类型、不同年龄段的人都可以在馆中获得不断学习的机会，其作为"再教育"和"继续教育"主要基地的地位得到了西方大众的普遍认可。有学者认为，终身教育将会是第二次文艺复兴，而博物馆将会是其发生地。结合当下的状况看，单一的、阶段性的学校教育现在已经无法充分适应社会就业需求，终身学习已经成为一种趋势，整个社会也出现了学习型趋势。终身教育兴起必然需要相应机构以适应这一需要，而博物馆作为一种公共文化设施，具有丰富的教育资源，成为公众科学素质全面提升的一个重要阵地。

上述说法有着坚实的理论支持，国际博物馆协会在 1990 年章程《职业道德准则》里面对"博物馆教育"有着如下说明：博物馆应抓住一切契机，发挥博物馆作为教育资源服务于各阶层人群的作用，博物馆最主要的功能之一是吸引更多的各阶层、各社区、各区域和各群体的目标受众，并且应向一般社区、特殊人群和群体提供支持他们的特殊目标与政策的机会。

第三节　博物馆的文化教育特色

博物馆是一种区别于学校的非正规教育机构，是国家教育的特殊资源和阵地。20 世纪 80 年代以来，随着电脑科技的进步和教育系统的变革，各种新式教育理念被引入博物馆，博物馆的展示和教育方式都发生了翻天覆地的变化。当今博物馆教育有如下的特点和趋势。

一、全民、终身教育

在很久以前，博物馆是只向贵族和部分人群开放的场所，而现在却是为全民所共有和享用的。同时，现代博物馆以"全民教育"和"终身教育"为理念，为不同类型、不同需求的人群提供多种多样的教育活动，即使是有针对特定人群的博物馆，也欢迎非目标人群进入参观和学习。一般博物馆为了拓展其教育功能都会积极主动地开展一些面向学校和社区的服务与活动，例如在学校开展巡回展览、演示，为学校课堂外借教具教材，在学校建立教育资源中心，开展社区老年人联谊等活动，实现为全民终身学习服务。

二、生活化教育

现代博物馆中的陈列和教育不仅是对以往事件的讨论，而且也关注参与者认知和体验的形成模式，因此策划出的活动更倾向于生活化的导向，结合受众所拥有的经验或者熟悉的兴趣，加深印象，增强学习效果。

三、启发的、诱导的、寓教于乐的教育

与传统博物馆橱窗式陈列和庄严肃穆氛围相比较，如今的博物馆陈列和教育活动更加活泼、丰富、有趣，开放式展示代替了过去只可以通过"看"来进行的被动学习，加入大量参与性强、互动性强的道具和活动，逐步引导观众调动所有的感官来进行感受和接触，给观众快乐的学习经验和更广阔的想象空间。

四、反映社会需要、促使社会发展的教育

现代博物馆的展示教育中充斥着古今中外的内容，对于当下社会的现状也有着一定的反映，能够辅助破解社会难题，对未来也有着新的思辨和探索。民族情结、古迹维护、环境保护、科技新知等社会脉动与人民关注的课题，往往都是目前博物馆陈列教育中的主题内容。例如，环保问题日益被人们所重视和关注，"生态博物馆"这一新的表现形式应运而生，许多生态博物馆相继成立，有不错的环保教育效应。这一现状证明了现代博物馆完全有能力为人们提供一个设想另一种前景的空间。人们在博物馆提供的环境价值和对时空的串联和守护中学习新知、娱乐放松、提升自我，从而真正了解本区域和全球的关系。

五、自导式、探究式教育

博物馆教育是一种自动自发的教育形态。民众可以根据个人意愿、偏好、能力和学习方法自主选择项目、时间去参与和探究，这是一种与学校的教授式学习不同的自导式学习。现在的博物馆为使人们能够更加自动自发地进行研究，除了提供常规导览、查询和展示服务之外，还设置有摆放着各种文物、模型、资料、影片与仪器设备等的探索室，促使观众亲自去探索和学习，通过身临其境来获得知识和成就感。

六、信息化、电脑化的教育

信息化和电脑化是当今社会的趋势，当然也体现在当代博物馆教育的发展中。信息化和电脑化的发展助力着博物馆展览和教育的普及、信息知识的推广、服务品质的提升和资

源管理的优化等。现代化博物馆一般都采用各式各样的多媒体辅助系统和展示电化设备来取代传统文字图片说明，在管理和运营系统上面也做了电脑化和信息化的更新。此外，当下的智能移动终端和社交媒体平台也为公众与博物馆之间的沟通互动架起了能够超越时间和空间限制的桥梁。

七、临场的、实物体验的教育

博物馆能够通过三维空间实物造景、情境塑造和遗址复原等技术和手段再现人类历史和自然风貌，让参观者仿佛置身其中地感受震撼和触动。近年来 VR 技术的运用更能使受众置身于虚拟环境中，甚至可以开展一些互动式的活动，获得更好的体验。

八、充当知识宝库和学习中心的教育

博物馆面向所有人开放，如果有人想要更深层次地对该馆进行观摩、查询、研究和使用，可借助馆内的资源。另外，许多博物馆也研发了更有针对性的教案教材和人员训练项目，诸如教师培训、学生实习、博物专业人员训练、文物维护培训等，让博物馆能同时充当知识宝库和学习中心的角色。

第四节 博物馆文化教育与学习理论

一、博物馆中学习项目的兴起

博物馆不能仅仅在乎自己的藏品，而要更加投入公共服务和发展更加丰富的教育项目。1992 年，美国博物馆协会建议把教育职能列为博物馆全部活动的核心，它指出："美国的博物馆与其他教育机构一样有责任为人们带来更多的学习机会并培养文明而人道的公民。"随后的十年里，美国博物馆渐渐把教育放在公众服务职能的核心位置，把它作为使命的必要组成部分，进而促使博物馆开放视野，也丰富了对于博物馆支持终身学习与正规教育等公共服务职能和潜能的看法。

根据调查表明，无论何种性别、年龄段、受教育水平和居住地区的美国公众都认为博物馆是比电视、纸媒、互联网等值得信赖的信息来源，是教育的加油站，每年可以丰富数百万人的知识。且有多数的年轻人认为博物馆比其他休闲活动更有价值和意义。

英国博物馆教育融入社会职能的官方承认表明博物馆教育的地位得到了成功提高。据

需求链管理系统研究机构称，英国政府认为教育已经成为博物馆的职能中心，因其能够最大限度地接触到受众，所以对未来的愿景就是通过博物馆鼓励和支持学习型社会。此外，英国政府的政策也指出，教育必须成为博物馆的核心功能。这一政策在"英国博物馆的研究策略方案"中占据主导地位，并获得巨额经费的资助。

除上述被广泛认可并在博物馆教育中产生过重要作用的报告外，美国博物馆协会在1995年发表的《新视界：改变博物馆的方法》一文中，敦促美国博物馆完善机构和重塑内部文化以拉近与公众和消费者之间的距离，并向更多社会阶层提供更多更优质的服务和教育项目。其实，受这一潮流影响，不少博物馆对其建馆宗旨进行了重新修改。大多数美国博物馆将自己的首要职责转变为提供各种资源与服务，以调动人的终身学习积极性，并为学生的学习过程提供支撑。

目前，各国、各组织对博物馆学习策略的制定和执行还处在不同发展阶段，但是都非常重视博物馆对建设学习型社会所发挥的巨大作用，尤其在与学校教育相配合、发展终身教育中发挥着特殊功能。

二、博物馆与学校教育和终身学习

所谓"合作"，就是个体或群体为实现某一目的所结成的相互帮助和共同担责，彼此都乐于一起体验创造、发展、设计和实施的过程。所有的合作都意味着花时间了解彼此并计划帮助学习者达到设定的明确目标。博物馆和学校的合作也是如此。有学者更进一步阐述，博物馆和学校之间的合作关系由不同教育者合力促成，旨在使学生能够开展丰富有益的学习活动，同时使教师与博物馆工作者在身份与心理方面逐渐融为一体。美国许多博物馆在建馆的时候就附设了相应的艺术学校，由此可见博物馆与学校的密切关系一直以来都有。

博物馆在教育中承担了重要任务。做一个真正意义上的教育机构也需要充分挖掘自身的潜力。博物馆与学校仍有很大的合作空间，特别是当目前学校迫切需要强化科学、艺术与人文教育，这就需要教育伙伴的参与。

英国着力倡导小学生直接利用海量实物资源来进行学习，这对于博物馆教育来说是关键性的转折，毕竟博物馆与历史遗址毫无疑问是触摸这些实物资源最好的地方，于是以和国家教学课程研究单元有着密切关联机构的身份见证了学校教学需求的大幅增长。

在这之前，英国政府早就已经正式认证了博物馆对学校教育发挥的作用。21世纪伊始，英国博物馆与美术馆就已经开始实行如今的政策，注重学校教育与终身学习，其中涉及博物馆与美术馆的如下职能：促进国家教学课程普及；促使课堂教学走进日常生活，以实物、说明材料构建丰富的知识宝库；让孩子有机会认识当地社会，协助学校普及公民的权利与义务；从自身独有角度出发，给孩子们设置新奇好玩的活动项目来培养孩子们关键性的能力。

此后，其他各国都践行了这一教育政策。以瑞士为例，其对教学科目提出新的要求，并调整了课程计划和教学大纲，要求每门教学科目都要有确定的教学目标及评价过程。而这些教学课程的设置，都需要博物馆作为辅助教学场所存在，进一步认证了其可行性和重要性。

实际上，近几十年来，美国教育标准问题越来越受到全国各级政府的正式关注，就像前面说到的英国那样，博物馆开展教育服务也获得了现实契机。在当今美国，还没有其他不属于学校体系的机构和博物馆一样始终为青年人发挥教育功能，博物馆为课程教学、教师深造、资源建设提供辅助，也时常组织相关活动，极大程度上丰富了学校的教学内容。

经过多年的演变，"教育"一词早就不再局限于课堂这一隅，而是成为一种知识、技能和素质等方面的终身学习以及一系列正式和非正式学习的总和。在此情况下博物馆和学校之间的配合就变得更加重要。它加入其中，成为教育框架的一个重要部分，为同一个教育目标而努力协作。

美国博物馆与图书馆服务协会推出了"21世纪的技能评估工具"。这里面提出的"21世纪技能"尤其强调博物馆与图书馆对公众信息获取能力、交际能力、科技知识、批判式思维、解决问题能力、创造性、文化素养、全球意识等方面的巨大作用。此外，面对美国数十年来最大的经济衰退，作为文化产业一部分的博物馆也受到了一定程度的波及，因此同时从现实和理想的角度寻求更加合适的生存发展之路。为此，美国博物馆和图书馆服务协会通过对现状的分析与评估，推出了多个指导行业发展的新战略项目，"21世纪技能"就包括在其中，这些项目都旨在推动博物馆和图书馆在经济新形势下重新进行自我定位，在逆境中谋求生存与发展。

第五节 博物馆教育活动

一、博物馆教育活动的特点

（一）多在展厅内举行，或在展厅附近举行，亦可在馆外

博物馆教育活动主要由展览教育活动组成，所以大多都是在展厅及其附近进行，但是

主要取决于活动自身的性质和预期观众人数。

以往展厅中公共活动区域有限，所以往往利用展厅周边教室或者多功能厅进行展览教育活动。现在还有很多博物馆继续保持着这种方式。

但是在过去十年中，博物馆空间设计与利用发生了一些变化，越来越多的公共活动转移到展厅中进行，从而使展厅的一些特性发生了变化，原因具体如下：当下的大部分博物馆都更注重将三大核心项目——研究、藏品、公共节目（包括展览及教育活动）进行融合，同时加强其配合能力。这种倾向甚至已经蔓延到某些比较传统的博物馆中，对其展览运作和博物馆经营管理等各个方面都产生了一定的影响。未来，这种效应还有在全球流行的趋势。

以往博物馆对这三大核心功能的整合做得不够，往往忽略了公共节目，使教育活动受到制约。如今的博物馆已经把这三大核心功能放在了更加平等的地位，今后还将继续最大限度地加强它们之间的关联。

此外，并不是每一个博物馆目前都有单独的探索室、实验室及教室等教育空间，特别是部分中小型馆，在最初营建之时亦没有规划及留出单独教育空间。基于此，可以将教育活动适当地转移到展厅的某些角落，通过限定规模的形式开展活动，这也是一种缓解空间难题，同时实现展示与教育功能圆满融合的方法。

（二）强调临场体验和实物体验

如今，博物馆公共节目最典型的特点之一就是致力于最大限度地增加观众接触实物藏品和研究的机会。在展览教育活动中，这一特点表现得尤为突出。正因为如此，如今移入展厅举办的活动日益增多，而这也成为博物馆教育活动中区别且高于其他教育类机会与休闲体验的最重要的资本。

其实很多现代博物馆都已采取了临场和实物体验的教育方式，如通过三维空间造景、情境塑造和遗址复原等方式让人们重新看到很久以前的历史情景和自然风貌，走近实物甚至是与之发生接触和互动，从而让这些展览教育活动更具有直观性、实感性、趣味性和动态性。此外，部分以重点展品为中心的事件与空间还为观众提供了原物的复制品，配以实物让观众进行深入探究。

（三）采用一定方式鼓励互动

与教授式教育不同，现代博物馆教育是一种自发的探索式教育，致力于引导和启发观众按自己的倾向与方法进行探究。同时，教育活动的共性是注重人与人之间的互动，这些互动具体体现在观众与博物馆引导者（展览导览及解说、节目表演人或演示示范者等）之间，观众和引导性展品展项（音视频、电脑导览节目等）之间，观众相互之间。

在博物馆中与人互动已被实践证明是最为行之有效的互动方式。调研发现，博物馆内部社会环境与气氛对观众体验具有重要影响。目前很多机构都非常重视经由工作人员协助带来的受众体验。这种情况在儿童博物馆中尤为普遍，由于主要受众的读写能力不及一般成人，所以如果展厅中平面媒体运用过多，便需工作人员进行适当的指导和帮助。

（四）唤起受众的情感，给受众以启示与灵感

优质的展览和教育活动不仅能启发观众的思维，还能唤起观众的情感，让其发挥五官的作用去参与和感受。部分博物馆的教育活动以传播技术和演示内容的整合来吸引和鼓励受众，从而激发情绪。这是艺术馆比较常用的一种方式，并逐渐被借鉴运用到其他各类博物馆当中，给观众以启迪、引导和寓教于乐的受教育机会。一般情况下，将情感注入教育活动中，更能给受众以受益良久的参观体验。

其实，一项良好的博物馆教育活动，关键是要调动观众的学习积极性。首先要吸引受众的注意力，引发他们的好奇，由此激发其情感，让受众与某个主题产生共情和共鸣；其次，要鼓励受众积极参与活动；随后，就很自然地通过信息学习的方式给他们以接受"教育"的可能；最后，将学习到的内容进行落实，使受众在日常的行动和实践中践行这些学习和感受到的内容。纵览整个流程，是循序渐进且从始至终保持在一条主线上的，能够使受众自然而然地参与其中，获得新的知识，情感得到升华，也影响了他们未来的行动。

（五）具有机动性、灵活多变、富有动感和活力

开展教育活动可以给博物馆的展览、收藏、研究等活动带来动力。这类活动一般较为灵活，可跟随受众的需要进行调整。

比如，用传统的方式参观化石就是参观一个静静放在那里的展品，但如果改良为参观专家或工作人员清理保养化石就会更有意义且更有趣味性，参观者也可以随时向这些专家和工作人员提出相关疑问，也有机会亲手摸一摸化石。再如，某博物馆原定的演示活动时间为下午两点半，但当需要接待大型参观团的话，就将活动提前到一点半，且迁移到人较少的区域进行，这样有助于人群错峰参观，提升参观者的体验感。

美国博物馆协会教育专业委员会是美国博物馆协会最早设立的常务专委会之一，为教育项目制定了详细的标准和卓越项目奖。这类获奖项目有如下共性。

1. 互动性

用角色扮演等活动使观众有更高的沉浸感，与教育工作者进行互动。

2. 勾连社区

教育项目勾连本地社区或地方的教育、市民及政府组织。

3. 惠及全民

对那些没有得到充分重视的人给予关注。

4. 创新与实验性

不同于以往博物馆中的教育项目，它要求博物馆的组织文化支持和高层管理者对它的肯定，且在敢于承担风险的前提下谋求项目创新。

5. 综合能量

以博物馆藏品、科研等实力为依托进行教育项目。

6. 对于运作的理解

项目可以体现出对博物馆运行所处的环境的理解。比如，自从1995年美国政府发布国家科学教育标准后，科技博物馆教育项目就开始接近标准，活动的进行也竭力与这一标准相结合。而为了让全体学生拥有合乎标准的科学素养，美国政府把这一政策作为重中之重的方针，并促使科学中心在向学校提供服务的同时均应积极主动地与该校正在实施的科学教育改革相配合。

简言之，良好的教育活动通常会将上述几个主要特点结合在一起，最大限度地提高展览能效。正因为如此，在策划展览阶段必须有教育、特别活动以及其他公共节目的人员参与，如此才能保证最后展览及有关衍生项目的顺利进行。

二、博物馆教育活动的目标和任务

到博物馆去参观，这是一种基本而常见的教育活动。对于绝大多数博物馆来说，其默认重点在于实际的参观者。尽管每年可能有千万观众浏览博物馆衍生的网站，参与延伸项目，但现场观众仍然是整个博物馆机构的核心支持者，其在博物馆中的体验与经历构成了全世界对于该博物馆机构的理解。

这一阶段与访问前的阶段最大区别在于，目标观众、潜在观众和虚拟观众都变成了实际观众，他们真实地走出家门来到了博物馆进行现场体验。这类观众毫无疑问都对博物馆抱有喜爱和兴趣，是各博物馆的主要服务对象，促进着博物馆向前发展。参观者是否满意,不仅可以衡量每个博物馆的展览与教育是否成功,更是一个博物馆专业水准与服务水平高低的展现。除此之外,那些在本次参观中收获优质体验的观众也会变成博物馆长期的忠实拥护者。所以,能不能搞好对实际受众的教育与生活服务,不仅直接关系着受众对信息、知识、情感等方面的获得,从长远来看还对其黏性和忠诚度产生影响,事关各博物馆未来生存与发展的社会基础。

(一) 目标

从整体上看,博物馆在这一阶段的教育目标就是要努力做到让每一位来参观的观众都能得到好的服务,这其中既有学习方面的服务,也有生活方面的服务,主要集中在学习体验上。据统计显示,大多数人除了愿意花钱买到某样东西,也都愿意支付"体验"的费用。基于此,博物馆应该以展览、藏品与研究为依托,想方设法提高观众在学习中的体验感和愉悦感,让观众感觉不虚此行且意犹未尽,从而提升回头率。

如今的美国博物馆界采用着这样的运作模式,即博物馆通过提供公众服务的方式吸引公众的注意和支持,促使博物馆继续升级服务,从而获得更多的公众关注和支持,实现良性循环,使博物馆不断进步与革新。实际上,博物馆已经成为西方闲暇时间最理想的去处之一,除了展览之外,博物馆还提供免费的视听、交流等公众服务项目。这些延伸和拓展型教育活动,有些注重事实与信息的传播,有些旨在感化受众情感,满足多元化观众的多层次需求。因此,当今博物馆也需要认识到,观展不再是观众入馆后的唯一选择,观众的目的可能是观展、参加活动、听课或查阅资料等等中的任意一项或多项。

所以,现代博物馆及工作者需具备多元的理念与宽容的心胸,竭尽所能给观众更大的选择空间和享受学习自由的权利。

(二) 任务

这一阶段的教育活动的基本任务主要有三个:第一,展览教育活动;第二,有关藏品、研究等的教育活动;第三,涵盖了问询、接待、购物、饮食、休息和导引的公共服务。这里面的展览教育活动为主要内容。

除此之外,在受众参观的阶段,教育活动的策划和实施需要摒弃博物馆向观众单向输出学习内容的模式,转为鼓励双方平等交流和互动。通过对一系列教育项目进行创新与开发,带领观众充分调动五官进行感受,最终给观众一次收获满满、意犹未尽的博物馆体验。

1. 举办展览教育活动

展览教育活动就是这一阶段中最重要也是最具代表性的活动。人工与机器并用的导览解说再加上智能移动应用设备，可以帮助观众深入了解展品的故事。而一系列互动、演示和表演展项，能够为实际观众带来高质量的互动和沉浸式体验的乐趣。此外，以展览为中心的系列延伸活动还包括讲座、研讨会、学术沙龙、比赛、专题活动项目等，针对特别人群，如青少年、相关学者等还有另外的设计和服务，从各个方面吸引观众重复来馆。

应当指出，展览教育活动在这一阶段的策划和开展理应格外注重对学生观众进行实地考察，即重点关注学校团体来博物馆的参观教学，因为这是馆校互动中最为普遍和经常的一种形式。一般博物馆都会向老师及同学们提供很多教育服务。这类支援学校的计划应被高度优先考虑，争取为同学们营造一个自由及社会化的环境进行学习。

2. 进行有关藏品和研究的教育活动

与藏品和研究有关的教育活动有：开放库房、图书馆、研究中心、独立研究室、教师资源中心等，经营数字化档案、图片、照片、幻灯片等。

当今博物馆的观众已经不再满足于仅仅只是对展览进行参观，尤其是某些相关专业的观众或者对于博物馆藏品与研究有着更深入要求的人。所以，博物馆的职责是以现有藏品与研究为依托，展开相关延伸与拓展型教育服务，同时配备相关学术设施设备与资源，为博物馆赢得更多忠诚度高的观众。同时，博物馆还可以恰当地运作数字化档案、图片、照片、幻灯片等来深度服务于需要帮助的公众与组织，传播自身的学术影响力。

3. 进行公共服务

公共服务在博物馆教育中也占有相当大的比重，其中包含有必需的硬件设施，如总问询处、咨询台、纪念品商店、餐饮地、室内外休息区、贵宾休息室、包裹寄存处、育婴室、集体出入口、集体餐室、导引标识系统等，更要求软件方面的到位，即工作人员要具备足够的服务意识，做到热情周到。此外，尽管每一个博物馆均有自己的主要受众，观众源也较为固定，但来博物馆参观的人仍存在差异和变数。所以，良好的生活服务，不但可以使观众感受到安全、温馨与舒适，从而对博物馆留下好印象，这些服务还可以有效地拓展展览空间，为教育活动提供辅助服务。

第二章　博物馆文化教育策划与实施

第一节　体验探究式教育策划与实施

中国博物馆社会教育新趋势为体验探究式教育项目，这是中国博物馆非常重视并凸显文化传播、宣传教育功能，思考博物馆教育发展走向，彰显博物馆教育项目化的重要措施。当前博物馆界关于体验探究式教育项目的研究多是从案例角度出发，很少有专门针对体验探究教育项目支持下的新型博物馆教育形式展开研究。所以，迫切需要开展博物馆体验探究教育项目的研究总结与理论探讨。

一、体验探究式教育项目在国外博物馆的实施现状

体验式教育起源于德国教育学家库尔特·汉恩创立的外展训练学校中，它通过野外训练使参与者提高生存能力和交际能力，完善参与者人格，增强其心理素质。因其优秀的教育成果，自20世纪90年代起，体验教育在发达国家发展迅速，并在各级学校逐步普及。

教育者在德育目标和未成年人的心理、生理特征以及个体经历的基础上，通过创设相关情境，引导未成年人在实际生活中体验、感悟，并通过反思和体验内化形成个人的道德意识和思想品质，最终在反复的体验中积淀成自己的思想道德行为，这就是所谓的体验式教育。在学校的道德教育课程中，体验式教学是一种广泛采用的教学方式。目前比较流行的一种教学模式叫探究式或发现式教学方法。在20世纪60年代初，布鲁纳这位美国心理学家和教育家率先提倡了一种名为探索式的教学法，经过后人的不断研究、发展和完善，逐渐形成了一套全新的理科教学模式。它强调以学习者为中心，注重启发与指导，使学生自主地进行探索。在教师的指导下，这种教学方法鼓励学生积极参与探究活动，通过主动发现概念和规律，从而达到更好的教学效果。它注重让学生亲身经历获取知识的过程。在这样的学习过程中，学生所获得的不仅仅是知识，更重要的是学习知识的过程和方法，这种教学方式能够有效地培养学生的能力和创造力。在当今高速发展的社会中，体验探究式教育已成为备受关注的一种教育形式。

在美国的教育体系中，体验式教育被认为是一种至关重要的教育形式。在美国的教育

领域中，以体验式教育和游戏为主要形式的学习方式备受推崇。教师鼓励学生提出问题并表达自己的见解，因为每个问题都有其独特的价值和意义，而没有任何问题会被认为是愚蠢无用的。在纽约的各大博物馆中，常常可以见到教师带领着学生们在博物馆中进行教学活动。每位学生手中都有一份自己列出的问题清单，此时的教师并非像解说一样简单地灌输知识，而是以点到为止的方式，引导学生自主解答。

在美国的一些艺术博物馆中，教育项目的设计旨在通过观众的亲身体验，引导他们掌握学习的技巧和方法。参观博物馆时，精心设计的体验可以帮助参观者培养和提高从展览中学习的技能和能力。这些博物馆通常在参观前就开始进行一系列准备活动，并把它们作为一种重要的课程资源加以开发。体验式教育要求参观者在学习过程中自主设计问题，而不是按照传统课堂教学的预设框架进行。因此，在博物馆里要培养学生的创新精神，为他们提供足够的空间和项目吸引其产生兴趣。博物馆的目标不在于创造一个课堂环境，而是致力于打造一个经过精心设计的学习场所，为学生提供一个充满乐趣和体验的场所。

英国博物馆在数十年馆校结合的实践探索中，形成了比较成熟的体验探究式育人方案。在规划教育项目时，他们更加重视项目实施过程中对学生自身综合能力的训练。通过能力的提升来激发学生对艺术、科学等领域的感受与兴趣。英国从小学生开始就养成了到博物馆学习的良好习惯，其所学内容也将根据展陈内容进行重新安排，教学内容也紧随时代步伐，一直贯穿于青少年学习的每一个阶段。

他们讲课的方式也是多姿多彩的，如在历史遗迹上进行历史教学，当地工作人员装扮成历史人物进行角色扮演，让学生能够沉浸式地感受历史的厚重，教师带领学生进行参观和教学，学生遇到不懂的问题可以随时提问。

在德国，注重体验探索的教育项目也是值得研究与参考的。比如德国累斯顿卫生博物馆通史陈列就设计了一套这样的互动项目，参观者可借助设备来感受老年人行动不便的各种生理特征，可以使得参观者在了解人体知识的同时，引导他们关爱老人及其他弱势群体。这种互动项目不仅能够吸引观众对于展览的兴趣，还能起到很好的宣传、教化效果。

以幼儿博物馆为例，俄罗斯的体验探究式教学形式也做得风生水起。俄罗斯十分强调儿童在经历和感知时，采用形象鲜明的对比、比喻等手法，并进行动态的形象模仿来启发儿童理解艺术形象。所以俄罗斯的博物馆展厅中游戏与户外观察交替进行，博物馆实景参观与看幻灯片结合起来，绘画可在博物馆画室或家中完成。俄罗斯所有师范大学学前教育专业也设置了与幼儿博物馆教学有关的课程。各大艺术博物馆都有博物馆教学教研室，用以组织博物馆教学活动和研究博物馆教学法。上述内容都有助于俄罗斯博物馆体验探究式教育的开展。

二、体验探究式教育项目在中国博物馆的实施现状

中国博物馆的体验探究式教育开始较晚，目前仍没有形成规模和体系，缺乏广泛性与规范性，因此也没有可持续发展的长效机制。目前的教育项目，多数都由自然科学类博物馆与综合类博物馆率先进行实验，且多为案例式分析与研究。虽然还未发展壮大，但是也有部分博物馆投入了不少的精力，并取得了一些可供参考的经验。

例如，北京自然博物馆一直以来都有着对青少年进行科普教育的优良传统，在体验探究式教育项目的研发过程中，自然博物馆通过几年来的努力与尝试逐渐形成了有自身品牌特点的博物馆青少年教育项目。尤其与学校合作开发出系列优秀课例及教学设计项目，从达到国家课程要求出发，利用自然博物馆这一教育平台进行教学设计和教学活动，不仅像正规科学教育一样内容结构完整，具有较强的教学目的性，其教学活动设计和学习效果评价的严谨性和明确性也值得肯定和借鉴。同时，该馆充分利用自然博物馆丰富的直观教学材料和详实的数据资料，向广大科学教育工作者成功呈现了操作性强且推广性高的教学经验。

再如，中国国家博物馆与歌德学院合作进行体验式教育项目的设计与开发，在新馆设立观众体验区，从科学、音乐、美术、戏剧四个类别出发，制定50多个教育体验项目，利用各种媒介和丰富多样的活动，让受众更进一步地理解该项目的内涵。从展示形式上看，既应用了最现代的媒体技术，也保留了传统作品展示，还有更具创意的戏剧表演等，给观众带来深刻的印象。体验式教育项目主要针对青少年受众，但也考虑到了其他年龄阶段受众的兴趣和爱好，将博物馆公共教育职能发挥出来的同时拉近了受众和博物馆之间的关系。

又如，中国铁道博物馆以火车为特色，基于此，开发了《火车探秘》儿童探究式教育项目。该项目是由该馆教育工作者根据不同年龄段儿童的心理特点，结合常设展览的内容设计而成。活动把3~12岁的孩子按照年龄阶段分为幼儿组（3~6岁）、低年级组（7~9岁）和高年级组（10~12岁）三组，进行项目设计，通过一系列探究过程，让儿童能够通过充分调动五感去感受和了解火车这一结构复杂的庞然大物，参与火车构造和其机械原理这一运动现象的挖掘，以此激发他们对科学知识的学习兴趣。《火车探秘》着重开拓儿童思维和锻炼探究技能，为提高儿童合作交往和促进语言表达能力培养作出了贡献。该项目为在中国铁道博物馆实施探究式教育活动打下了基础。

目前，我国文物管理相关部门也在完善相关的政策与规定，表明国家已经开始对博物馆教育发展进行了重新审视，博物馆教育正朝着"项目化"方向迈进。

三、体验探究式教育项目的策划与设计原则

体验探究式教育项目规划设计应遵循趣味性原则、竞技性原则、针对性原则及安全性原则。通过设计活动，激发了青少年学生对教育项目的参与热情，让他们很容易从活动中体验和探索到科学原理和奥妙。

（一）趣味性原则

在项目的策划与设计中强调趣味性，使学生在玩耍中得到感悟。博物馆教育工作者将学生们集中在一起之后，首先要求他们按常规的流程进行参观，再指导他们充分投入到各种有趣的活动中，充分调动其积极性，增强其兴趣与注意力。博物馆体验式教育项目由于不受全国统一教学大纲、课程教材等严格限制，其教育项目设计可更灵活多样。

（二）竞技性原则

教育项目的设计强调竞技性。体验式教育项目具备一定的竞技功能，是培养青少年参与意识、锻炼团队合作精神的方法之一，因为中小学生都有热爱竞争的性格，所以可以精心设计一场比赛，来增强学生本身的活动能力，充分发挥参加活动的主体作用，切实激发他们的责任感、进取精神及学习兴趣。通过小组间的比赛，使学生体会到团队协作精神的重要性，促进自身素质的提高。

（三）针对性原则

针对性是指这些为学生设计的项目应立足于学生的每个年龄阶段。为学龄前儿童设计项目时，应注重培养孩子"玩中学"，培养其兴趣和专注力，培养内容以动手操作、启蒙教育、益智游戏为主。为小学生进行项目设计时，应注重发展小学生对博物馆形象的理解与感悟，与学校里学习的学科相配合，同时进行德育、美育教育，以培养其参观兴趣。对中学生项目设计来说，重点是运用博物馆教育资源和学校课堂教学内容相结合，通过学校老师和博物馆教育工作者师资力量来培养学生的理性认识和创新思维。

（四）安全性原则

指的是设计一个体验探究的项目一定要注意安全。博物馆环境中开展体验探究式教育项目，一定要确保师生的生命财产安全。由于各馆规模和环境不一，在文物、展品、展项和设施等方面存在差异，有一些具有挑战性的探究项目也有一定风险，尤其是一些追求新

奇体验感和动感的活动。在博物馆教育项目中，设计者一定要始终谨记。

四、体验探究式教育项目的作用和意义

体验式教育项目是在博物馆教育"项目化"新形势下提出的一种新的教育模式，对于更新博物馆教育理念、塑造主体意识、拓展教育空间等方面都有着十分重要的意义。

（一）教育理念得到了更新

体验探究式的教育项目主要是通过亲身体验、自主探究、与人合作等方式，辅以博物馆教育工作者的参与，对学校课程及实际生活中的有关课程进行深入研究，通过积极主动地获取知识、解决问题来增强创新精神与实践能力。在项目设计和实施中，不囿于学生已有的知识储备以及学生已了解到的内容，而是注重学生想要了解的内容，将学习从被动转化为主动，同时，重视发掘学生在教育项目中的体验感，并形成自身理念。

（二）主体意识得到重塑

体验式教育所指向的经验首先指行为经验，它可以说是亲身体验到的实践行为，它是促进学生成长必不可少的重要方式。怎样从行为体验中升华出来，这就是体验教育中的第二重境界——内心体验。博物馆体验式教育项目就是行为体验和内心体验相结合，从而丰富学生的经验，促进他们在新颖、愉悦的氛围中不断成长。通过在博物馆内的亲身体验与逐步深入研究，学生的学习由被动变为主动，使自我的主体意识得到重塑。

（三）教育空间得到拓展

拓展的教育空间包括教育内容与教育途径两个方面。体验式教育项目内容既包括展览中的文物展品资源，又包括展览主题和文物展品及其衍生出的有关方面的知识。它能超越文物展品和展览而沿着有关脉络联系起来，是一种信息再创造，以教育内容的丰富性和广泛性为特点。其教育途径在和学校教育对接的教育课程、故事性引导、角色扮演和体验探究等方面都有所拓展，这与传统的教学途径有很大的不同。

五、构建体验探究式教育项目长效机制

构建体验探究式教育项目长效机制需要思考博物馆和学校合作的模式。有很多博物馆学者都发表过相关的富有启发意义的见解，如有学者提出，博物馆教育和学校教育的互动模式归纳起来一共有如下六种：提供者和接受者，以博物馆为主的互动，以学校为主的互

动,社区博物馆学校,博物馆附属学校和中介者互动。这六种模式没有孰好孰坏之说,应根据时间地点和针对的人群与需求进行恰当的选择。但不管是何种模式,博物馆和学校的合作过程都充满了矛盾和挑战。

我国博物馆教育项目想要融入学校教育课程体系中,就要求教育项目设计者必须认识到学校教育与博物馆教育各自的特征。学校教育具有对理论知识进行系统、全面教学的优点,但相对来说对学生动手实践能力的培养较为欠缺;博物馆教育则更能培养动手实践能力,可以帮助学生学习知识之后在生活中进行实践,即在理论知识和使用方法的基础上真正掌握知识。所以,博物馆教育工作者在体验探究式教育项目的设计中,需要熟悉学校课程教材、知识点和课程结构,从而设计出满足学生学习需要的方案。

为保证博物馆可持续地开展体验探究教育项目,并形成学校教育长效机制,应从如下几方面进行思考。

(一) 制度上的保障

这就需要政府行政管理部门会同教育部门联合发布相应政策,提倡学校及博物馆有效结合学校资源及博物馆资源对学生开展课程教育。在适当的时候对实施教育项目效果作出评价,将其列入学生考核内容。为了让体验探究式教育项目和学校课程之间形成有效对接,可以联合众多博物馆和学校共同研发多学科教育课程,这些课在不同年龄和学段中组成"打包式"课型,为各校提供可供选择的内容。

(二) 人才方面的保障

在博物馆和学校之间,人才是合作实施体验探究型项目的基础所在。博物馆体验性探究教育要求参与的专业技术人才都要懂业务、有动手能力和表达能力,研究人才都要有规划、创新教育课题的能力,还要有能够进行宣传推广、教育项目组织实施等的人才。当前博物馆和学校联合实施体验探究式教育项目时,科普专业人才对于两方来说都是稀缺资源。博物馆目前有专职教育人员,学校则配备各科老师,但这还是远远不够的,为了实现博物馆教育项目长效机制,必须构建以博物馆为主导的科普教育人才库。这一人才库应由知名科学家、教育家、科技专家、学校教师、科技爱好者以及社会热心人士、志愿者等组成,从人才机制方面保障博物馆及其体验探究教育工程的开展与实施。目前,国内已经开始试水以部分文化公司为中介者,代理馆校资源整合和发展的体验探究式教育项目。

(三) 经费上的保障

博物馆这一公益性机构在职能上应该配备必需的教育项目资金。但是由于每个博物馆的归属和资金渠道都有所不同,所以经费配比也各不相同,出现了部分博物馆教育项目经费紧张等现象。

解决经费问题就要求博物馆教育工作者首先要设计一个具有特色的教育体验探索项目,因为它是解决项目经费问题的关键所在;其次对标经费编制教育项目预算并严格控制预算内的支出,对有限的经费进行合理使用;最后扩宽经费来源,借助大型活动获得各方面的经费,在"节流"的同时也做到自主"开源"。

博物馆教育为非强制、非正规教育,其目的并不单纯是为了将知识或者信息传播给受众,更重要的是要通过针对受众的教育项目来实现、培养他们积极主动学习的能力和发现问题、享受快乐的好习惯,这样才能为促进国民素质教育自身价值的实现而服务。体验探究式教育项目在开展过程中就是关注这一取向,向受众(尤其是青少年儿童)讲述日常中存在着很多值得探索与反思的问题,引导他们通过观察、调研、讨论、查阅资料、动手制作等方式找到解决问题的办法。博物馆通过对不同观众群体实施多种形式的体验探究式教育项目来帮助人们感受、发现、鉴赏自然与文化。

第二节 拓展式教育策划与实施

有关社会教育对现代博物馆功能的作用问题,历来为博物馆学所探讨,尽管迄今尚有不同看法,但无可争辩的真理是:从世界范围看,目前博物馆所行使的社会职能对教育的关注空前高涨。

很多博物馆已经不满足于仅仅提供展览,转而积极地开展以展览为中心的拓展式教育活动,建立多维度、立体式教育网络,这是目前实践领域最为显著的进展。新教育体系在大大增强展览传播效应的同时,还使得博物馆教育辐射范围得到拓展。当我们目睹这些博物馆络绎不绝的人流以及观众那一张张满足的笑脸时,博物馆工作者们应该重新思考,在向社会提供更优质的产品和服务方面还有什么可以改进之处。

拓展式教育作为现代博物馆新的发展方向,丰富了博物馆教育文化的内涵。因此,积极开展有关拓展式教育的同时,提高展览质量应是博物馆进一步工作的着力点。下面对拓展式教育的背景和现状作一简述,并对其如何落实到实践中进行分析和建议。

一、博物馆拓展式教育

拓展式教育,就是以展览中内容为中心进行的辅助公共教育。这类博物馆活动有着较为清晰的教育意图，其目的是扩大展览的内容范围，并有助于观众更深入地了解展品和展览主题所宣传的信息。拓展式教育活动的开展已经成为当代博物馆活动的常态，其受到的关注程度从在博物馆建筑总面积中的占比变化中就可以看出：在最开始藏展不分家的年代，库房是博物馆建筑的主体和唯一的功能性空间。随后，当展览空间单独存在时，伴随着博物馆对于教育活动的关注，展览空间面积日益扩大，直至超越库房成为博物馆建筑的最大场所。最近数十年，我们又看到了一个新景象：在那些先进的博物馆里，公共教育空间随公共教育活动的发展而扩大，其在博物馆建筑中所占的比重越来越高。如果说展览空间走向独立是博物馆的首次分化式演变，那么拓展性教育空间的产生就是博物馆走向教育目标的二次分化式演变。

二、拓展性教育特点及意义

拓展式教育的效用再优越，也仅是博物馆教育的辅助工具，无法替代博物馆展览教育这一主导性形式。它以基本展览为中心，对基本展览做了部分深化和补充，从而更好地起到传播效应。但是，因其较少受实物制约，可采取较为多样的途径，能更有针对性地为教育目的服务，由此，博物馆教育的深度和广度得到了延伸。

（一）超越了实物的更广泛的教育媒介

拓展式教育围绕展览内容进行，它以展览为媒介对教育手段进行补充、深化和拓展。一般情况下，展览以实物展品为中心传播媒介，目的是借助多种传播技术来解读和描述实物展品，对隐含在其中的社会记忆进行重现和重建，以交流现实和历史之间的沟通。

用实物作为媒介的教育形式普遍存在两个问题：一是普通人普遍未接受过专门培训，缺少自行解读的能力，即便展厅中配备了辅助性说明手段，但是对于某些过于专业或晦涩难懂的展览内容来说，仅仅使用这些说明手段也不足以使普通观众完全领会；二是实物展品的取得有时带有偶然性，系统性不强，因而单靠实物展品还不能全面地展现事物的完整现象和变化。

拓展式教育活动之所以能够出现，与博物馆教育的特点有一定关系，确切地说，是为了弥补它的薄弱之处。因此，区别于常规展览，拓展教育环节不再是以实物展品为主要媒介，而采用多种形式，更加贴近常规形态的教育方式。很多博物馆都为受众特别是青少年儿童受众配备了有助于了解和互动操作的道具和资源包。这些资源包含有辅助理解的必备道具，利用这些道具可以让观众更深入地了解展览内容。如在为儿童设置的探索空间内，可以布置一些展品的仿品或不易损毁的展品实物，以供观众进行探索发现和操作。就此而言,拓展式教育虽然是围绕着实物展品内涵进行的,但也不仅仅限于实物,这就使得博物馆的教育内容变得更具广泛性和系统性。

(二)超越了展览的更加充实特别的教育活动

一直以来,展览都担负着博物馆教育活动中最核心的使命,只要是大家说到博物馆教育,基本指的就是参观展览。尽管博物馆展览把焦点对准了教育,但是展览的内容在广度、深度和系统性等方面均受到实物藏品资源的制约。展览内容须紧密围绕实物展品包含的学科内涵展开,不过在信息定位展览上可借由辅助展品介入来将展览内容做某种程度上的系统化,将其全面化,但是这一方式的运用范围有限,不应过度离开实物展品容纳的意义,否则就偏离了博物馆将实物作为中心媒介的教育特性。相比较而言,拓展性教育更能关注教育的目的本身。为达到既定传播目的可涵盖较多范围,如有关展览主题的背景知识以及由展览重点内容衍生出的其他有关方面。由于这种教育并不完全受制于实物展品,所以可以根据教育本身的需要讨论更广泛与系统的领域,从而能够在一定程度上超越展览本身。

(三)超越了访问的涉及直接经验的学习

博物馆的学习途径以参观展览为主。在以器物为中心的传统展览中,受众主要对器物及标签进行观察。在当今博物馆里,展览要素越来越多,展览传播方式也越来越多样,主要有情景再现、视听装置、交互及体验装置等,这就决定了展览空间中博物馆观众在参观活动中需要以观察、阅读、体验以及操作等多样化的形式进行。这时一个新的问题随之产生:我们是否可以舍弃掉专门的拓展性教育空间?

在此有两点需要强调:一是展厅中穿插了许多特殊的教育项目,比如小剧场、探索发现角等,这些都是组成展览的一部分,但它本质上又是展厅内拓展式教育的推行,属拓展教育的范畴。二是鉴于展览的基本属性及比例关系等原因,对这类以非实物展品为主的展览项目须加以限定,过多的非实物展项将对博物馆展览的本质产生影响。

不管博物馆展览技术有多大的吸引力,表达能力有多好,对于博物馆观众来说,实物展品仍然是最首要、最具吸引力和高说服力的信息载体及传播媒介。无论博物馆今后将发生什么改变,以实物展品为载体的传播始终是它最为本质的属性。因此,在展厅内穿插的拓展性项目不能占据实物展品的主要位置。正是由于这一原因,开辟专门的拓展性教育项目和场地才具备了存在的必要。

对于少年儿童观众来说,要他们去看以成年人为目标人群而开展的展览是非常勉强的，他们可能会喜欢展览的题材，但其具备的旺盛精力和好奇心却不能承受不断观察和阅读文字的强度。对于他们来说，以游戏的模式呈现出来的交互和操作项目更加合适用来激发他们对于科学和技术的学习兴趣，高效地获取初步知识。不过，这一过于吵闹的活动显然并不适用于严肃正式的展览，所以为少年儿童进行专门性的拓展教育并开辟相应场地是极有必要的。

实施拓展式教育最主要的在于获得直接体验。如今，博物馆和观众都逐渐认识到交互和操作对认知的正向影响，而其中最吸引人的是交互和操作时得到的直接体验。博物馆的互动装置是除实践领域之外少数能获得直接经验的地方。正因如此，很多博物馆都开发了相应的教育项目和专门的空间，以便进行互动操作。比如，自然历史博物馆中的探索室里可以安排观众与博物馆内展出的真品及仿品直接接触。这种具有体验操作性的项目的出现使得博物馆学习能够更进一步地超越传统参观行为，变得多姿多彩。

（四）超越博物馆的巡回及远程教育项目

拓展式教育不仅只发生在博物馆内部，还有很多途径可把教育延伸到博物馆外。一种方法与巡回展览相似。比如从馆藏品中挑选出一些真品和仿品带到社区或学校中去，为那里的观众和学生提供服务。

把博物馆资源延伸到博物馆之外进行拓展教育，另一种方式就是使用网站。博物馆可开辟网站来和民众分享博物馆相关的知识，设置主题板块引导探讨交流，涉及兼具娱乐性和教育性的游戏，设置提问板块帮助民众答疑解惑等。

在某些区域，拓展性教育也借助远程传播这一技术使博物馆教育项目向远处延伸。这一拓展式教育的有效途径就是和学校通力协作，双方以相关技术为纽带，以视频的形式收看节目，相互交流和沟通，便可以把博物馆资源运用到学校教育中。这一远程拓展教育为因为种种原因无法来博物馆的人提供了一个极好的契机，博物馆也借此机会极大扩展了其藏品资源的使用范围和深度。如果说以上项目让拓展式教育跨越实物、展览，那网络和远程教育技术则让拓展式教育突破博物馆现场。

三、拓展性教育的主要项目类型

拓展式教育以利用博物馆资源开展更广泛教育为核心思想。凭借这一思想，它在形态上呈现出不断发展的态势，在种类上也越来越多姿多彩。由于缺少专门详实的研究，当前对博物馆实施拓展式教育还无法进行全面的概括和梳理。拓展式教育在实践领域不断探索的过程中，其形式和种类也必将更加多样和完善。

（一）以现场活动为内涵的拓展教育

一种广泛采用的方法是在现场实施推广教育活动，这种做法一般出现在遗址类博物馆中。不少遗址是先民们活动过的地方，先民们在此进行生产或者居住。在这种场合，展品、环境与场所都是历史的见证，向观众传递着当时的信息。

有条件的话，允许观众到遗址中做和先民相同的劳动，对于人们了解当时的生产生活情况有很好的促进作用。绝大部分遗址博物馆出于对文物的保护需要，一般不允许受众做这样的活动，但仍可通过模拟而不受遗址影响。

也有一类活动是在户外进行的，即博物馆场外项目。有些博物馆把展览项目延伸至室外小广场、小公园等场所，构成类似主题公园式户外活动，有些与展览有关的体验性、操作性项目也在其中进行。如，日本的某些远古文化博物馆都是在场外按照时代风格搭建居所，甚至可以让人留宿这里，感受古人的生活。

（二）穿插于展厅，与展览相配合的局部性拓展教育项目

有很多拓展式教育项目都穿插并融入到了展览中，这让正式展览和拓展式教育之间可谓界限模糊。尽管如此，我们仍能辨认出它们之间的差异。从形式上看，实物占了展览的中心，是主要传播媒介；而有关拓展式教育的展项，则淡化了实物的核心地位，更强调执行具体教育计划的目的，并以达成具体传播目的为其宗旨。

普通拓展式教育主要表现在展览时的小剧场、小影院、小教室及信息角、发现角、探索角。这种拓展教育和展览内容融合得十分紧密，一般在一定展览内容后开设。在参观展览的过程中，受众的学习方式不再只是观察，而是在各种媒介的共同作用下用各种感官去摄取新知识和新信息。

（三）面向低龄观众开展交互和操作项目

很多国家的博物馆都对学龄儿童教育格外重视，除正规的儿童博物馆之外，一般博物馆都将满足孩子们学习的需求摆在了一个重要地位。有些博物馆几乎每次正式展览结束后都要安排一个相当大的地方专门提供给低龄观众，表现形式也很多，比如探索角和发现屋等。围绕展览内容，这些空间内布置了大量可亲手接触和操作的物品，其中既有实物复制品也有特别设计的互动装置，有助于孩子们对展览的理解。这样，儿童不需要像成年人一样郑重其事地去看和读，而只需要以自己所熟悉和喜爱的方式去操作和玩，在玩的过程中引起其对于展览主题的浓厚兴趣，并收获有关知识。

(四) 把课堂教学模式引入博物馆拓展教育

博物馆这一文化设施的包容性很强，几乎能使用各种媒体方式。尽管教室听课的方式通常被认为与博物馆教育不同，但博物馆依然可以将各种类型的教室引进自己的教育项目中。最普遍的做法之一就是附属于博物馆内的讲演厅。博物馆将围绕新近引进的展览举办系列学术讲座。这类讲座在给听众提供必要背景知识、提高听众对有关知识领域理解力和敏感性的同时，还大大扩展了展览内容的广度和深度。听课式教育还有一种表现形式是穿插于展览之中的课堂，课程表悬挂于教室旁边，听众可按时间表安排自己的行动。有些涉及自然科学的课堂实质上是实验室，博物馆里的老师要边实验边授课，场景非常像初高中的物理化学课。人文艺术类博物馆则可以为学生举办讲座，以不同题材为切入点，介绍自己的藏品。

四、拓展式教育实施的前提

拓展式教育的好处有目共睹，难免让很多博物馆怦然心动。但是，拓展式教育作为一项系统工程，要是没有预先的精心策划，各类拓展式教育活动将因没有必需的场地和设施支撑而无从谈起。因此，只有把拓展式教育融入博物馆建设总体规划之中，正确处理与学校教育之间的合作，全面做好有关的教学准备，才能实现预期目的。拓展式教育时常有消耗型教学材料的需要，而在此方面所发生的支出，亦须列入全馆经营的总预算。

(一) 列入展览建设总规划

实施拓展式教育必须先通过博物馆建筑设计前的总体规划来确定展览的主题和内容，还要搞清楚围绕展览该不该进行拓展教育。如有必要，要进一步弄清拓展教育如何与基本展览相配合，有哪些具体内容，由哪些项目组成，需要什么样的空间以及这个空间和基本展览之间存在着什么样的关系。这些问题和展览规划一样，应以资源分析、市场调查、目标定位为前提，同时兼顾其可行性。只有当我们开始建筑设计前就清楚地认识到这几个问题，并且在建筑设计任务书中写出有关要求，拓展式教育才能在以后付诸实践。

(二) 重视并配合学校课程的学习

如果展览以普通大众为主，那么拓展式教育更加关注在校学生。因此，在策划拓展教育项目和空间时应充分重视和学校教育合作。

很多国家的学校都在进行拓展教育，这一社会背景给博物馆拓展式教育带来极好契机，因此在规划博物馆时一定要把这个因素考虑在内。在中国，社会上将博物馆纳入国民教育体系的呼声越来越高，我们也看到，有许多博物馆的展览内容与学校的课本内容是有关的，展览的策划人员若对中小学课本中的内容有足够的了解并主动连接二者，就能设计很多为教育体系所接受的方案。这类工程的开展因与课本内容联系紧密，将受到各校欢迎。

（三）设计教学方案，制作教学材料

博物馆拓展教育与传统博物馆教育并不是完全等同的，也不同于一般学校教育。相对于典型的博物馆教育而言，博物馆拓展教育的实物性特征表现得并不明显，可运用多种常态教学方式进行教学，主要有实验、讲课以及观剧等；相对于学校教育而言，博物馆拓展教育却是紧紧围绕展览内容来进行的，以实物展品包含的知识和信息为中心，比课堂知识更具形象性、现场性和实证性。

正因如此，博物馆拓展教育教学方案设计并不完全等同于一般课堂教学，它不仅需要紧密围绕展览内容进行设计，有助于受众对展览内容的了解，还应善于发挥博物馆展览实物性、直观性和现场感等特点，综合运用各种媒介，并发挥互动操作等优势来帮助受众树立一个较好的感性形象。该教学方案应作为博物馆教育和学校教育之间的一座桥梁，让博物馆拓展教育真正成为学校课堂教育的一种有效补充和深化。

对一些教学题材来说，单纯的观察和听讲并不能完全达到传播的目的。所以，有必要特别制作一些道具与资源包，与教学相配套。道具一方面是为老师讲课所用，使得老师的表达更加形象生动，得到更好的教学效果，另一方面，有一些道具还可应用于学生操作之中，起到玩具或者工具等的作用。这类道具都是从教学目的出发而特制出来的，可以重复利用。

也有一种为教学活动而特制的教学材料——"资源包"，这种教学材料同样是为某种教学目的而特制的，但是这些教学材料主要分配给亲自动手的受众，使用时会被消耗，是消耗性材料。

为了让拓展式教育取得实效，既需要在策划时明确项目的主题，又需要在对学校教育了如指掌的前提下设计好教学方案，并设计和制作好相关道具和资源包。只有各个环节做到位了，博物馆拓展教育才会起到预期效果。

（四）教师和志愿者培训

正由于博物馆开展拓展教育具有独特性，一般无直接经验可资参考，因此，对教学活

动组织者和实施者提出了新的要求。

在很多博物馆中,拓展式教育组织者和实施者队伍都由老师和志愿者组成。教师从学校和博物馆两方面来,志愿者是社会上相关专业的人士,出于启蒙和教育的需要而主动加入。

考虑到其独特的教学内涵,有必要对其过程和方法作专门性的考察,其成果通过培训方式使其组织实施者能够把握。对此,史密森教师发展项目格外引人关注,该项目不仅致力于将教育项目和材料告知给教师,传授如何将其有效地运用于课堂内部和博物馆实地考察,还致力于促进教师教学技能和深化其相关方面的认识。

项目分基于现场和基于网络的两种。前者可以在学校及其旗下机构或馆外场所。而网络项目开发出多种互动平台,让老师和博物馆教育专家进行深入讨论。教育工作者可以直接登录博物馆网站教育板块,在其中输入信息,挑选并下载内容翔实、形式多样、主题丰富的课程设计。

拓展式教育跳出了以实物为主的传统博物馆教育的桎梏,运用多种传播技术来帮助受众更加深刻地了解实物展品包含的各类知识和信息。其虽看似与博物馆教育经典样式有些许背离,实际上却紧密围绕着实现博物馆的传播目的而展开,既有效克服了传统教育方式所带来的局限性,也带来源源不断的热度,让博物馆更有活力和影响力。拓展式教育的开展在一定意义上最能体现博物馆文化之精髓,并给博物馆文化注入了新鲜的血液。

第三节　艺术教育策划与实施

博物馆是集收藏、展览、研究、教育等多种功能于一体的文化机构。现在,博物馆教育功能尤其是艺术教育功能越来越受到关注。

一、博物馆的艺术教育功能分析

博物馆作为一种文化机构,集收藏、展览、研究、教育等多种职能于一体。其中博物馆教育功能尤其是艺术教育功能是不可或缺的一部分。国外以博物馆教育功能为导向的发展已经历了较为漫长的历程,并对不同人群开展了相关的艺术教育项目,而我国博物馆艺术教育还有待完善。所以充分利用博物馆资源,开展艺术教育活动,提升学生艺术修养,进而推动全民艺术教育的开展就成了目前研究博物馆艺术教育作用的一项重要工作。

博物馆的教育功能就是它的功能得以实现的一个重要方面,如历史教育、科学教育、艺术教育等，这里的艺术教育功能建立在博物馆万千艺术藏品的基础之上。艺术教育功能可以最大限度地挖掘博物馆藏品所具有的艺术价值，并能使公众受到很好的艺术熏陶与教育，所以博物馆是除学校以外另一个进行艺术教育的重要场所。

在教育模式中，博物馆艺术教育可以说是其中一个亮点。美国在20世纪70年代即已鼓励大力发展博物馆艺术教育来弥补学校艺术教育的缺失。博物馆中蕴藏的大量艺术资源，通过艺术教育活动的展开和校园文化的密切结合，使学生能够通过亲近艺术珍品来丰富审美体验。当前，更多国家投入到了建立健全博物馆艺术教育制度中去，增进博物馆与学校、家庭之间的关系，从而推动艺术教育工作的开展。

二、开发中国博物馆艺术教育项目的策略

（一）强调"体验式"教育

艺术教育在博物馆中发挥着重大作用。目前国内博物馆艺术教育多以参观方式为主，真正走进艺术教育活动的并不多。要解决这一问题，博物馆必须要先吸引受众参与到教育中去，要在教育与娱乐相结合中不断创新，这就是体验式教育所呈现出来的前提。

体验式教育需要在博物馆中配备专门活动场所、专业教师和藏品复制品，这样既能让学生进行接触和感受，提升学生艺术体验，还可以确保真藏品的完好无损。同学们在这一场所中能够自主行动，与藏品亲密接触，并通过老师的讲解对藏品内涵与价值有更加深入的了解，继而激发出了更多灵感，获得更多知识。当前，我国部分博物馆已开始进行相应调整，如设立交流项目，以艺术活动为载体实现青少年对传统文化的切身感受，提供体验课程和自选项目，并不定期地邀请世界各地专家到馆内演讲，或组织不同题材的展览，使同学们体会鲜明的艺术与学术氛围。

另外，博物馆展厅也要转变传统展览方式，利用开放式空间，使学生对藏品有一个全方位的感受。在部分具备条件的博物馆内，也可开辟特定区域以适应不同群体的需要，建立各主题空间使学生受到主题式教育并较好地掌握其艺术价值。

（二）强化馆校合作

当前，英美两国馆校合作已较为成熟，多数学校与博物馆已建立起稳定合作关系，这为学校借助博物馆丰富艺术资源进行艺术教育提供了强有力的保障。中国的博物馆应该加强和学校的合作，一方面能够为学校的艺术教育提供丰富资源，另一方面还能为博物馆引入专业的教师资源，弥补博物馆工作人员艺术教育中存在的缺陷，使其能更深入地了解学

生需求，开发出相关艺术教育课程，对艺术教育有效传播发挥积极的促进作用。

另外，博物馆还应改变过去由于经费不足问题而使许多职能不能真正发挥出来的局面，积极发挥自身优势募集资金，如定期组织收费讲座或者展览，配合商家进行推广，开发周边产品等等。此外，还要加强与教育部门的协作，尝试在传统教学中整合博物馆艺术资源，使学生在博物馆学习艺术成为常态。

（三）建立数字化教育平台

互联网时代的数字化教学是教育信息化发展到一定阶段的结果，是促进博物馆艺术教育变革的一种新模式。国外博物馆网站中艺术教育资源十分丰富，可以为各年级学生提供。以大英博物馆为例，其官方网站上覆盖从幼儿园至大学的全部博物馆艺术教育资源，分门类、有专题地开展艺术教育项目。

国内博物馆的数字化教育平台也已渐次启动。近年来，部分大型博物馆相继开通了网络博物馆，以方便公众网上学习和观看，通过网络科技与现场互动结合，给观众一种全新的感受。但是，当前我国博物馆数字化教育资源并不能够充分满足观众的需求。如果各个博物馆都加强网络教育平台的建设，则会帮助观众实现远距离的参观学习。

除此之外，可借助博物馆网站平台提供各种藏品的影音资料以供外部下载，如此一来，就可以在线完成观众喜爱的主题的研究。与此同时，博物馆网络资源对于教育项目的多样性、系统性等还需进一步考虑如何才能更好地发挥其艺术教育作用。另外，可与HTML5技术相结合，创作出富有本馆特点的网页内容，以引起受众兴趣并增强教育能力。

（四）创新博物馆艺术教育项目

博物馆艺术教育所面对的目标具有多层次特点，所以对于不同层次的学生来说，就需要创新设置不同的教育项目来激发他们的学习兴趣。

做空间规划时也要充分考虑到学生行为与认知需求。一般情况下，来访学生低年级居多，所以博物馆要从空间上布置大小合适的项目环境，优化互动过程，以游戏形式带领低龄儿童融入。

在挑选活动专题时，可设置不同的专题空间，在不同环境中布置不同专题的收藏品，并形成线索，使学生自始至终都能进行沉浸式的探究，利用自己的空间想象能力和艺术体验发掘接下来的专题；同时也可通过自己动手触摸藏品复制品让学生能够得到一种更开放、更多样的教育。

无论在国内或国外，学界都已经日益重视博物馆艺术教育作用的发挥与研究。一方面，博物馆与学校之间的合作日益加深，学校向博物馆提供了高质量的教师资源，而博物馆又向学校提供了大量艺术资源；另一方面，博物馆艺术教育正在突破传统讲课方式而开始更多地运用信息技术。博物馆教育要从体验式教育、馆校合作、网络教育和创新教育项目上加大力度，促进博物馆艺术教育，使其艺术教育功能得到更好发挥。

第四节　地域文化教育策划与实施

就其本质而言，博物馆作为一个向公众开放的社会教育机构，是一个城市的记忆，一个城市文明与历史的象征，对社会文化进行宣传教育具有不可动摇的地位，自然而然地还肩负着区域文明传承与保护的重任。所以，博物馆作为一种公共文化设施对其所处地域文化的传播应发挥更积极的影响。

从地域文化角度来看，博物馆教育再现了城市特色文化，用现代化手段来重新诠释传统文明并吸取有利于现代文明的营养，这是规避博物馆教育活动同质化现象的一个重要方法。博物馆教育工作要树立品牌意识，以特色项目塑造品牌，使博物馆教育能够可持续发展。构建博物馆教育品牌，必须依托馆藏文物资源，深入发掘其蕴藏的地域文化，与学校教育一起对社会大众进行包容而开放的终身教育，在地域文化弘扬和传承中起到积极而有效的作用。

一、地域文化与博物馆的关系

（一）地域文化构成了博物馆生存的根基

所谓地域文化，就是聚居在一定地理空间中的人群所具有的人文精神、民众价值观以及其他精神层面上的东西。这是地方文化中的精髓，离不开当地风土人情、气候与自然环境，最能反映并表现出一个区域的特点。

特有的地域文化应成为一座博物馆的生存之本，避免同质化。一座博物馆若想在竞争激烈的市场中崭露头角，就必须具备特殊的文化吸引力。它应具有迥异于他地文化之处，这是博物馆创新强有力的利器，也是成就一座好博物馆的最基本依据。所以，地域文化成为博物馆生长、发展和壮大的温床，博物馆要不断地从地域文化中吸取丰富启示，源源不断地向外输送高品质地方文化。唯有扎根在这片沃土上，博物馆方能获得持久的发展动力和基本的文化精神内涵，寻找到自身的文化特色。

（二）博物馆是地域文化的名片

地域文化在博物馆特色化发展过程中起着决定作用。同时，博物馆又是地域文化展示与传播的窗口，对地域文化发展起到了推动作用。博物馆作为区域文化的一张靓丽名片，其最重要的观众应该是所处区域的普通民众，在博物馆参观过程中可以加深人们对于该区域的印象并获得全新感受。

当代博物馆教育项目在品牌建设中还必须兼顾特殊的地域文化，并以大众喜闻乐见的方式把抽象的地域文化变成可感的人文符号，借博物馆推广区域内文化，树立博物馆教育项目独特品牌。对于地域文化来说，一个好的博物馆教育项目品牌就是一个地域文化的助推剂；对于博物馆本身来说，一个好的教育项目品牌建设对于博物馆成长壮大和扩大其影响力同样必不可少。

地域文化和博物馆之间互为补充，不可分割。一家博物馆若要避免博物馆教育活动同质化，并在激烈的市场竞争中获得得天独厚的文化优势，就应该从区域内包容广阔的地域文化当中得到启示，进行博物馆教育项目品牌建设。

二、博物馆地域文化特色教育项目品牌建设策略

（一）以地域文化资源为依托

每一个区域都有着其特有的文化资源，它将该区域的地域特色、审美情趣以及情感氛围传达给人们。好的教育项目品牌构建离不开博大精深的文化内涵，博物馆教育品牌构建更离不开地方厚重多彩、各具特色的人文历史资源。博物馆是一个城市文明的象征，它的收藏必然离不开地方历史文化，打造教育项目品牌时，要把地域文化与收藏资源进行有机融合，从中提取和归纳出当地独有的教育资源，并主动把地域文化纳入博物馆教育品牌建设之中，创建地域特色教育项目，从而取得良好效果。

（二）拓宽教育手段与空间

文物资源无法轻易变动，但文物资源教育手段却可以灵活创新。对于当代博物馆地域文化的教育品牌构建来说，仅仅依靠丰厚的地域文化作为灵感来源是不够的，必须要更加多元化地进行文化宣传方式与文化挖掘，以此扩大特色博物馆知名度，给博物馆带去大量游客与长久关注，才能够打造出具有特色的区域一流博物馆教育项目品牌。

除传统教育形式之外，"互联网+"背景下的博物馆还应积极利用现代互联网信息技

术和条件，以"网络+博物馆教育"创新和扩大文物资源的使用空间，提升其社会影响力。另外，还应积极促成合作共赢，走融合式发展之路，并与区域内的学校、文博机构、商业机构和媒体开展深入合作，以资源共享之法、取长补短之道，继续扩大教育空间，合力把博物馆教育项目品牌树立起来，使地域文化更有效地传播。

（三）强化专业人才队伍建设

以人才为主体才能促进品牌建设。但是受各种因素的制约，博物馆教育人员知识结构和其他方面的不足成为制约博物馆教育品牌发展的最主要障碍。在新的形势下，要用发展的眼光，重点突出教育人员素质的提高，并不断地在方法、方式、形式等方面有所革新。通过健全人才引进机制，改善人才配备结构，提高管理水平与运行效能，培养造就一批分工明确、结构合理的人才，着力提高教育人员研究能力与策划水平，对地域文化中精神文化价值进行科学而深入的挖掘，培养地域特色博物馆教育工程品牌。

博物馆作为区域对外文化交流之窗，肩负着推动社会文化交流和弘扬地域文化内涵之责。博物馆主要文化资源源自地方特有的人文底蕴，地方文化还需借助博物馆来展现与传播。这一过程不仅是一个文化交流的过程，也是一个博物馆建立自己教育项目的品牌的过程。所以，要充分认识到地域文化对博物馆教育项目品牌建设的意义。通过依托地域文化资源，拓宽教育手段与教育空间，强化专业人才队伍建设，打造过硬品牌基础，才能培育地方特色博物馆教育项目并全面履行博物馆教育职能。

第三章　数字化博物馆与资源建设

第一节　数字化博物馆的概念与特点

一、数字博物馆的概念

从博物馆学的视角出发，数字博物馆是一种新兴的博物馆类型，为博物馆的发展注入了新的活力。为了对数字博物馆这一新兴领域进行明确定义，我们必须先对实体博物馆的概念进行深入的理解。

一座通常被视为博物馆的建筑，必须由一定数量的收藏品、相应的设施和设备、一定数量的从业人员组成，且此建筑应持续向社会公众敞开大门。然而，当我们开始对博物馆进行定义时，我们会发现，相较于对图书馆、档案馆、学校和研究所等机构进行定义，对博物馆进行定义要更加具有挑战性。这是因为，在博物馆的发展历程中，它既不是单一的物质实体，也没有固定不变的功能模式，而是不断地进行着自身结构形式的调整，其职能多样，区域性文化特征与意识形态存在差异，内涵与外延也有着历史性的变化。因此可以得出：博物馆的定义随着文化背景的演变，特别是随着时代的变迁而不断演变。

国际博物馆协会从1946年创立至1974年20余年来，共举行10次大会，几乎每一次会议都会就博物馆的界定进行辩论和修订。目前我国博物馆界也正在进行关于博物馆定义问题的讨论。现行的博物馆定义出自2001年7月6日经西班牙巴塞罗那第20届国际博协代表大会修改通过的国际博协章程第二条："博物馆是一个以研究、教育、欣赏为目的而征集、保护、研究、传播和展出人类及人类环境的物证的，为社会及其发展服务的，向大众开放的，非营利的永久性（固定性）机构。"

许多情形下，博物馆的定义与其作为文物收藏机构的传统观念存在着相悖之处，如仅有一件藏品的古建筑博物馆，只有虚拟藏品的虚拟博物馆，没有藏品的科学中心和儿童博物馆等。排除这些不从事物质证据征集、保护和研究的机构，可能会给它们带来不便，导致它们受到不公平的待遇。国际博协应当降低对非藏品博物馆机构的要求，将其纳入博物馆定义的范畴。博物馆的存在不仅依赖于珍贵的藏品，更依赖于丰富的信息资源来维持其生命力。博物馆的定义若过于苛刻,将会削弱国际博协组织定义的核心——强调其服务于社会的使命。建议将博物馆定义中的征集、保护和研究视为有选择性的条款,而非强制性条款。

有学者说,博物馆的建立离不开物理展示空间的支持,然而,虚拟展品和理念展示的存在也能为博物馆的建立提供必要的前提条件。美国博物馆协会20%的会员为无文物藏品的科学中心及儿童博物馆。该学者认为,博物馆的定义必须包含这一内容,否则将无法被认可。

在我国,由文化部于2006年发布的《博物馆管理办法》第二条规定:"本办法所称博物馆,是指收藏、保护、研究、展示人类活动和自然环境的见证物,经过文物行政部门审核、相关行政部门批准许可取得法人资格,向公众开放的非营利性社会服务机构。"我国对于"环境的见证物"和"非营利性社会服务"等术语的使用,是对国际博物馆定义变化的回应。尽管我国并未对职能顺序进行调整,但在改革开放40多年的历程中,我国博物馆学界已经达成了一个共识:即使一个机构拥有收藏和科研职能,但如果不对公众开放、不发挥社会教育传播职能,也只能称之为文物保管所或研究所,无法被归类为博物馆。

博物馆的界定一直由行内专业人士提出,因此界定的内容通常包括许多功能上的工作,在这些功能中,藏品、保管及科学研究等均属内部功能,对公众的接触具有间接性,而不是直接性。社会公众普遍只使用博物馆教育传播及其所附带生产的休闲娱乐乃至餐饮、纪念品销售等服务性外在功能,尽管教育传播功能是建立在收藏与研究等内在功能基础上的劳动结果,但是社会公众普遍没有参与到内在功能的劳动过程中去。因此,当代社会对一家机构是否为博物馆的评判主要集中在以下两个方面:一是看其是否具有社会教育传播职能,是否真正向公众开放;二是看其信息源及主要媒介是建立在有形的还是无形的人类遗产之上(包括自然文化遗产以及与之有关的各类知识)。至于兼具收藏、保护和研究功能与否倒没有强硬的要求,因为并不是所有博物馆一定要具备全部功能。

对实体博物馆有一个总体认识后,再来看看如何界定数字博物馆。当前,对博物馆信息化建设这一表述的概念较为混乱,包括数字化博物馆、博物馆数字化、数字博物馆和博物馆信息化等术语。这说明我国博物馆信息化建设工作尚处在初始发展阶段,对于其各项工作的性质与内容仍存在认识上的模糊。事实上,即便信息化建设工作已经到了成熟的阶段,但是如果我们看待问题的角度不区分行业内和行业外的话,也会出现概念多样化。

在汉语中,"数字"本是一个名词,但在"数字博物馆"这一新名词中作动词用。"数字化"一词动词性强,透露出计算机这一工具的实质,它意味着直接使用计算机技术进行作业。从原理上说，数字化就是将原先附加在其他对象上的信息通过电磁介质按照二进制编码进行存储和加工。比如博物馆将原来由纸张或者化学感光材料录制并保存的实物藏品信息变成了由计算机保存并进行加工。我们知道，博物馆藏物不是为了物理或者生理意义的实用化，而是由于这类藏品自身浓缩了帮助人们了解世界的讯息，它以讯息为载体被收藏起来，讯息正是能够以媒介为载体被转化。所谓博物馆藏品信息就是每件藏品本身具有或今人赋予它的某些特性与性质，它可以分为具象形态信息与抽象意义知识。实体博物馆就是利用拍照、绘画、摄影等手段把具象形态信息变成照片、图纸或者影像材料，并通过文字描述把抽象意义知识变成书面材料以保存信息，同时还能以印刷品的形式进行远距离沟通与传播。如今，利用数字化手段将原来以纸张或者图片形式储存的信息转化为在电子计算机上利用电磁信号储存的信息，从而显著提高了博物馆内部管理的工作效率以及外部使用效率，这即是数字化管理以及数字博物馆概念的起源。因而，"数字化博物馆"这一说法更确切。英文的"Digital Museum"直译为"数字博物馆"，但根据语言经济学的简化原理，人们依然默认称呼区别于"实体博物馆"的博物馆为"数字博物馆"。

"信息化"这个词是在1967年由日本科学技术与经济研究团体首次提出的，是指由物质生产为主的社会到信息产业为主的社会的发展。目前，从日文"情报化"演化而来的"信息化"已为大多数中国人所认同。西方国家通常表述为"Information Superhighway"和"Information Society"等。

"信息"这个词语已经在汉语里用了很久，表示以某种物质载体的形式体现着、表征着客观事物的变化与特点的本质。这种本体论意义外延很广，更适合泛指，不适合特指。因此不会有人说"信息博物馆"这个词，因为实体博物馆同样是信息机构，实体博物馆工作中，将实物藏品的资料通过纸张或者感光材料之类传统媒介来转述，这一行为也属于把实物包含的信息与原有载体分离开来的一种信息化。由于信息载体是多样化的而非计算机所独有的，因而表述为"信息博物馆"定义过于模糊。而且"信息化"这个词在国内已经成了常用语，这确实和计算机广泛使用有关系，它和"数字化"这个词一样都是动词。近些年来，在一些情况下经常会有这样的说法：两词互换来表达相同的指称，并不造成误解。但是我们要知道数字化的客体必须是信息，从字面逻辑上讲，信息化不一定只有以数字形式存在。用它来形容数字博物馆，由于放在博物馆前面的"信息化"不能归结为"信息"，所以它没有"数字"这个词简洁，同时由于它和相应的英文"Digital Museum"字面上不同，所以有不便国际交流之嫌。

综上，之所以能一针见血地对数字博物馆进行定性叙述，就是因为数字博物馆所包含的元素——途径与方式、主要服务对象以及服务内容都已经被囊括其中。或许有一部分相关从业人士一时难以接受这个定义，因为他们习惯于对实体博物馆进行更复杂的界定。事实上，冷静思考一下便会发现，实体博物馆和数字博物馆在直观上的不同是后者使用计算机。但是计算机的功能不是"生产"信息，即电脑无法代替人脑对信息载体实物进行解读，只能对信息进行大量、迅速而准确的存取与运输。馆藏遗产或者为社会公众提供服务的有关知识信息的生产加工者不是电脑而是人类（主要是博物馆的专业人员）大脑，数字化行为只是处于以数字形式转述已有信息源的状态。此外，实体博物馆和数字博物馆在功能上也是不等值的，实体博物馆拥有的实物藏品的收藏与保护，藏品修复与排架管理，真伪鉴定等深入细致的科学研究和其他一系列随时要求人脑去做的职能工作是不可能仅靠计算机来自动实现的。从数据库安全角度来看，馆方连利用远程性数字博物馆履行本地性内部管理职能都不可能期望，内部管理所使用的数据库系统和为公众提供服务的数字博物馆系统通常处于物理隔离状态。数字化对象只是事物信息，信息自身既非物质又非能量。实体博物馆将无法为数字博物馆所替代。

据此，尽管创建一座数字博物馆将有实体博物馆众多部门专业工作者参与其中，但是数字博物馆作为一种建设成果而进入公布使用状态，它的功能具有单一性，完全侧重于与实体博物馆外部功能相似的教育传播或者自身宣传领域，如展览、活动、设施以及消息报道等。数字博物馆只是实体博物馆机构衍生出来的新的信息服务项目，所以对它的界定不需要列举实体博物馆的功能内容。如果不讨论数字博物馆问题，而是广泛讨论现代信息科技和博物馆工作之间的联系，则宜用"博物馆信息化"或者"博物馆数字化"这样的名词概念。

厘清数字博物馆这一概念才能区分出何为数字博物馆。20世纪90年代后期，我们在网上能看到数百个博物馆网站，那时很多人都会将其误认为是数字博物馆。事实上，这些网站与其说是宣传与自然或者文化遗产有关的知识，还不如说是介绍以自我推销为目的的实体博物馆设施。一些学者把这种现象界定为"市场博物馆"，它可以作为一种推销手段与通信工具来吸引更多观众进入博物馆。这类网站也有以销售商品为目的的网上购物商店。相对来说，"学习博物馆"拥有大量学习资源可以吸引学习者进行多次参观。因此"市场博物馆"可作为数字博物馆中的一部分，但它并不能被单独称为数字博物馆，因为它最大的受益者并不是社会公众，而是博物馆本身。"学习博物馆"板块才有可能与实体博物馆教育传播职能相对应，它的最大获益方为社会公众，它的内容一定是建立在大量馆藏信息的基础之上的，而手段也一定要利用数据库技术。用网络专业术语说，市场上的博物馆只是以静态网页的形式出现，数字博物馆则包含动态网页成分。

以下就数字化管理问题做一阐述。如前所述，"将计算机用作博物馆内部管理工具会极大地提升业务工作效率"这一思想早在了数字博物馆概念出现之前就已经有了。实现数字化管理也必须以馆藏信息数字化采集为基础,即使管理系统已具有完善查询功能。而数字化管理则是一种管理,它所提供信息服务的对象只局限于馆内业务人员,并不等于全社会都可以共享数字博物馆。对博物馆来说,数字化管理具有利己性,而数字博物馆具有利他性。博物馆从业者对数字化管理能够产生的效益早已经基本达成共识,并展现出巨大的积极性,然而对数字博物馆的认识与态度却差异很大且较为复杂。就我国现状而言,面向管理的数字化建设更多地表现出主动和自发的行为,面向全社会共享的数字化博物馆建设更多地表现出政府的特殊资助行为。据此,数字化采集虽然为数字博物馆打下了基础,但是采集是为了能够达到数字化管理,并不是一定要向数字博物馆发展。

二、数字博物馆分类

分类是人对客观事物进行认知的一种重要方式,博物馆学家们从各种视角对实体博物馆进行了分类研究。对数字博物馆而言,可至少从三种角度来分类:根据内容所属学科来分类、根据运作方式来分类、根据发布形式来分类。

(一)根据内容所属学科分类

在21世纪初的中国,教育部系统18所高校数字博物馆正式上网运行后,国内公众第一次体验到数字博物馆丰富的学科种类,其涵盖了自然科学、农业科学、医药科学、工程和技术科学、人文和社会科学等5个主要类别,后概括为人文和艺术、地球科学、生命科学和工程科技4个学科领域,其中大部分是相应于大学有形学科收藏资源。

(二)根据运作方式分类

对于数字博物馆运作方式来说,最为普遍的自然就是通过网络向全世界的个人计算机终端进行传送,因此大家在讨论数字博物馆这个概念的时候总是会连带着提到"网络"这个词。事实上,网络也有广域与局域之分,甚至单机运行模式仍可作为传播与自然或者文化遗产有关知识的信息服务系统使用,因此数字博物馆运行模式也不是单一的。

众所周知,典型的数字博物馆通常以馆藏信息数字化为前提,实体博物馆进行数字化建设时,必须先结合自身需要与实力条件来决定数据库的运行模式。备选数据库运行模式包括单机、局域网和国际互联网。

单机运行方式是指把包含数据库技术在内的信息管理和服务系统装在单台计算机上进行操作,以完成从数据采集至内部管理等任务。该方法对软硬件环境没有太高要求,几乎不需要有专业人员来维护,需要的投资也相对较小,易于在国内大部分综合实力较弱的中小博物馆中推广使用。此外,在专题内容受限的情况下,还可以将其做成与普通电子书相似,却又比图书更有博物馆风格的光盘形式的数字博物馆。国内已出现类似发展实例,不过多是以实体博物馆纪念品形式售予观众。

局域网运行方式是指在机构或者部门这样有限的区域内使用服务器加上工作站的硬件配置。对于规模较大、部门较多、人员较多的事业单位,采用局域网的运行方式,具有部分硬件共享的经济优势,它能为多部门合作进行大范围的数据库建设提供便利,并能及时共享使用中的新馆藏信息。但是这类网络运行方式技术含量高,要有专业人员来进行设备与网络维护,需要网络硬件设备与应用软件价格昂贵,整体来说对于机构的综合实力有很高要求。局域网的运行方式虽然是一个发展的方向,但国内多数中小型博物馆在短时间内仍难以承受这样的成本。从使用角度来看,本地网络具有更好的带宽,桌面速率可达百兆以上,在使用人有限的等待时间内可传输更大流量的数据,可查看目标藏品多角度、多级放大的照片和表现力更丰富的流媒体信息。

我国博物馆数字化建设的现实情况为局域网操作模式与单机操作模式同时使用,不管采取何种模式进行博物馆建设与内部管理,当博物馆方准备进一步向公众分享馆藏信息数据库建设成就时,只需把计算机终端安装在博物馆内的开放地带,让观众免费查阅,就可以达成"定点上机"式数字博物馆。在国内,实体博物馆开放区域内建立"博物馆网吧"的案例已初见端倪。尽管这种共享方式由于时间和空间的限制,使得它的受众人数不能与国际互联网数字博物馆相比较,但是它仅仅是一种量的区别,它实质上仍然可以说是一种利用数字化技术将自然或者文化遗产的有关知识传播给公众的信息服务系统,并能减少馆方对知识产权保护及受到病毒攻击的担忧。单机、局域网和国际互联网 3 种运行环境构成从简单到复杂的多层次系统。从现实来看,博物馆工作因其特殊性,单机和网络、内外两种网络运行模式并不冲突,它们所扮演的角色并没有完全重合,而是互为补充。单机运行方式更经济、更安全、更平稳,可为数字化工程提供一个基本的着手点。在具备条件的情况下可以发展为局域网运行方式。国际互联网的运作方式,则可视为博物馆传播功能的延伸。正因为如此,我们没有把网络作为数字博物馆最本质的特征,也因此把数字博物馆起作用的地方划分为本地与远程两大类型。

(三) 根据发布形式分类

数字博物馆在国际互联网上采用远程发布方式,主要有两种类型:一种是单体发布,一种是群体发布。数字博物馆的建设一般都是在有馆藏资源实体博物馆的基础上展开,而在国际互联网上公布就直接构成了单体数字博物馆，它和实体博物馆利用馆藏进行陈列展览的性质一样，因此单体发布并无什么特殊之处。对使用人来说，使用一个数字博物馆必须先访问博物馆网站主页。但是问题是很多博物馆的馆名都没有体现出馆藏的专业主题，比如某某大学博物馆、某某地名博物馆等，然而数字博物馆中的受众正好只注重主题内容，不关心博物馆行政隶属关系和地理位置，由此产生了将多个单体博物馆数据库整合在一起群体公布的联合数字化博物馆，能够让观众在访问某个数字博物馆联合网站时，可同步使用多个实体博物馆主题藏品的相关信息，避免多次出入单体博物馆网页的繁琐操作，还能避免多个单体博物馆网站地址记忆的负担。

国内由教育部系统共建的18所高校数字博物馆最初仅作为单体博物馆进入共享发布。当用户想要查询某个学科对应的藏品信息时，需要出入多个学校的数字博物馆的网站，这样很明显地给用户的查询带来不便。与此同时，因为硬件水平、维护技术、恶意病毒攻击以及后续维护投入资金等原因，常常出现暂时不能访问网站的情况，不但影响了国家投资带来的收益，就连大众对大学数字博物馆也留下了"徒有其名"的印象。为一揽子破解上述难题，教育部决定在中国大学数字博物馆名下增加投入，设立南、北方两大数字博物馆中心站点。南方中心站在南京大学，北方中心站在北京航空航天大学，各机构严格执行国家有关标准与规范，回溯性地建设了前期所建数据库，从而获得同构的数据库，然后交给两家中心站点，用同一套点播平台集成所有18家单位的数据库。如果其中一个网站在运行过程中出现问题，另一个镜像网站会自动连接，以保证大学数字博物馆的稳定功能，由此便产生了群体发布的数字博物馆。

与此类群体发布机制相似的数字博物馆不仅减少了对于单体数字博物馆的发布运营维护依赖性，提升了维护水平与发布运营稳定性，确保国家建设投资效益正常进行，也更方便了广大民众使用，人们只需访问中心站点网站即可一次浏览众多博物馆藏品信息。另外，教育部大学数字博物馆项目组和计算网格技术项目组携手合作，极大地提升了数字博物馆出版所需要的运算能力，为数字博物馆使用更大流量的复杂多媒体表现创造更有利的带宽条件。

群体公布的数字博物馆不仅可以解决以上提到的稳定操作、方便使用的难题，而且更重要的潜在价值是若采用语义网络、知识本体分析等方法来解决藏品信息跨学科检索的技术难题，还意味着博物馆有可能实现多学科交叉互动，使用户可以获取解决某一专业问题所涉的多学科资料，进而有助于对当下问题的全面理解。

三、数字博物馆特征

相对于传统实体博物馆而言，数字博物馆起码具有如下特征。

(一) 藏品资源表达数字化

实物藏品为普通实体博物馆提供了生存的根基。不管是有相当规模与品质的收藏作为前提的实体博物馆，还是以遗址、建筑等为依托的纪念性博物馆都是如此，全部取材于真实存在过的"实物"，即藏品，不过里面陈列的也许只是模型或复制品。实物是传播的主要媒介，这是博物馆不同于其他组织的地方。

在数字博物馆中，信息存储主要表现为由传统书面文字记录、视觉图像向磁性介质中电磁信号转换。这一载体的改变，为压缩存储空间、便于用户远程检索与查询、改善组织方式、提高服务速度、拓宽利用者范围、加速更新维护、减少维护费用等等一系列的进展，都提供了条件。

(二) 跨越时空展示藏品资源

数字博物馆有着实体博物馆不可比拟的时空跨越能力。这种时空跨越的能力也分为若干方面。前面说到，从使用形式来看，数字博物馆的受众没有开放时间、使用场所等方面的约束；从陈列范围（暴露程度）来看，可以不受陈列室建筑面积的限制，以整个藏品为目标尽情使用。若以所传播信息内容的组织为视角，则通过提供超链接与信息检索分析功能也可实现藏品信息资源在时间与空间维度的随意延展，从而实现特殊的陈列展示与信息解读。比如通过合适的三维建模与图形处理技术，就能把藏品内部的结构、原理、用途及各时期该藏品的变化情况等用图像仿真地展现出来，带给受众视觉与感受的冲击。在自然科学博物馆里，关于地球科学史的许多大事件，以往只能通过文字描述方式呈现于展厅之中，数字博物馆则可广泛应用多媒体虚拟现实技术来模拟那个时代的情境，将地球演化重要关头的影像重现于计算机屏幕。尽管这些内容在理论上还可以用实体模型等来表现，但是成本远远高于数字化手段，以至于很难实现。

(三) 不同领域藏品资源整合

实体博物馆通常是以藏品及陈列内容为主要依据来进行种类划分。根据这一准则，传统博物馆基本上是由历史、艺术、科学和综合博物馆组成。不同种类的博物馆分属不同范畴，馆藏品以不同视角呈现，因此观众很难从实体博物馆感受到自然科学和人文科学的融合，但数字博物馆却能达到这一目的。数字博物馆对藏品资源的认知能够超越学科领域的知识边界。尽管不同的数字博物馆藏品类型不同，但是利用语义网络和知识本体分析可以实现跨领域的知识融合，拓宽博物馆的内涵与外延。如前所述，它意味着博物馆有可能进行多学科交叉互动，使用户有可能得到解决某一专业问题所涉的多种学科材料，由此有助于完整地理解当下问题并呈现出理想中的博物馆状态，给人们营造出一种创新的思考氛围。

对于人类来说，借助图像型媒介来理解世界比借助文字媒介来理解世界更符合本能。所以从理论层面上看，博物馆的潜在用户群体要比图书馆的范围更大，数量也更多。大家公认博物馆藏品浓缩的知识量大而珍贵，特别是那些拥有真实可靠第一手物证资料成分的藏品，几乎每一个人在博物馆藏品里都会或多或少发现他们感兴趣的，或者客观依据性强到能为他们解惑答疑的信息客体。

第二节 数字化博物馆的地位与作用

一、在信息社会中的地位

尽管博物馆一直是备受推崇的文化教育机构之一，但在 20 世纪七八十年代，博物馆事业在全球范围内面临着新的挑战和难题。在当时的形势下，各国政府已经开始采取相对减少资金的措施；另一方面，随着彩色电视机、彩色印刷品等视觉传媒系列的质量显著提升，压缩了博物馆的生存空间。博物馆界普遍认为，提升社会服务质量是必不可少的一环，随着数字化手段和网络媒介的融合，博物馆的公众使用渠道得到了全新的拓展。数字博物馆是一种数字化的信息服务系统，它将自然文化遗产的各个方面信息以数字形式收集和管理，并通过互联网将其数字化呈现给使用者。该系统将博物馆学、藏品及相关学科与计算机科学等多学科领域的知识结合在一起，为用户提供全方位的信息服务。数字博物馆不仅继承了实体博物馆的真实性、直观性和广博性等优点，同时也构建了一个跨学科、跨领域的综合解惑答疑工具平台，以数字化网络为基础，具有远程互动功能、可选择性的题材和丰富的媒体种类以及通俗易懂的叙事，足以在全球范围内占据一定地位。

二、在信息社会中的作用

数字化博物馆作为一种新兴的博物馆形式，不仅能够有效地推广实体博物馆的教育和传播功能，同时也有助于促进博物馆的收藏和保护功能，在多个方面具有实体博物馆所不具备的独特优势。从 2020 年开始，线上服务的优势得到了显著的凸显，这推动了博物馆数字化建设，许多博物馆积极开展了"云展览""云直播""云活动"等线上服务，为社会大众提供了一个全新的文化享受和交流平台。这一股潮流势不可挡，且蕴含着无限的发展潜力。随着人民生活水平的不断提高，数字化博物馆的快速发展将有助于更好地满足公众对文化享受的需求。

（一）以数字化形式收藏、保护文物标本和其他实物资料

博物馆由来已久，其最开始的根本职能就在于收藏和保护文物。在传统博物馆内，存放藏品的场所是多种多样的，博物馆肩负着收集、整理和展示藏品的责任，以便为人们提供参观学习和使用的机会。博物馆所追求的并非实物的原始功能，而是将其作为信息的载体，因此，博物馆将物证材料视为与相关信息材料同等重要的元素。当实物遗失相关资料时，其内在的价值也会随之遭到削弱。数字博物馆的职责不在于对实物进行保管和整理，而是以数字化的方式详细描述藏品信息，例如拍摄高清晰度全景照片，创建真实的三维模型和视频动画以展现藏品的相关背景，并根据数字资源的建设规范来存储和管理这些数字化资源，以便于合理利用这些资源进行教育和研究工作等。通过数字化手段，信息采集的质量和数量得到了显著提升，同时成本也大大降低，这为实物藏品的实用价值提供了保障。

我国地域辽阔，先民留下的历史文化遗产数不胜数，彰显着这片文明古国的博大精深。我国拥有丰富的自然文化遗产，其中博物馆所收藏的珍贵文物数量高达数以千万计，而自然标本的数量更是不计其数。由于实体博物馆的空间限制和各项维护经费等因素的制约，许多珍贵的文物资源被长期储存在博物馆的库房之中。因此，许多珍贵的文物标本因缺乏足够的认知而无法为人所熟知。此外，由于人工营造的景观与文物保护的实际情况不符，许多古代遗址中的实体博物馆的古风古貌已经遭受了破坏；文物的完整性可能会受到人类与其互动的影响，从而导致其遭受破坏；文物在长时间暴露于自然环境中后，会逐渐遭受氧化作用，导致金属腐蚀问题的出现。数字博物馆的虚拟展示模式能够有效地解决博物馆藏品展出频率与藏品保护之间的矛盾，从而缩短文物与空气接触时间，保护易受破坏的珍贵文物。

（二）以数字化方式对公众进行知识传播与教育

博物馆所展示的珍品，不仅是为了普及科学文化知识，更是为了提升公众素质，同时也为学校教育提供了有益的补充。因其在全球范围内传播科学文化知识方面的重要性，博物馆教育已成为一种不可或缺的方式。一个国家的博物馆规模和质量，可以被视为其科学和文化发展水平的一个重要衡量标准。在当今科技飞速发展的时代，博物馆作为社会教育

的重要组成部分，肩负着普及科学文化知识、提升全中华民族科学文化水平的不可推卸的使命。数字博物馆所呈现的教育理念、内容、方法和手段，与传统学校教育截然不同，呈现出独特的教育特色。数字博物馆作为一种知识传递平台，为人们提供了一种高效的知识传递方式。其所采用的手段更具直观性和形象性，所涵盖的内容也更加全面，同时其教育对象也更加广泛，对于科学知识的普及具有独特的作用。因此，数字博物馆所肩负的社会教育使命显得尤为重要，其独特的教育模式也具备其他教育方式所无法替代的独特功能。

（三）成为科学成果交流的信息平台

众多享誉全球的博物馆，不仅因其珍藏丰富而享誉全球，更因其在学术界的卓越地位和丰硕的科研成果而备受推崇，它们的存在为该领域的发展提供了重要的支持。许多珍藏品所蕴含的学术价值，皆为卓越之所在。学习这些知识不仅能够促进学术进步，同时也能够为陈列展示工作打下坚实的基础。数字化博物馆作为一种重要的资源储存、保护和共享方式，为适应时代的进步提供了信息交流和服务的渠道。由于数字博物馆的开放性结构，一些重要的科研成果和学术动态得以实时呈现于其中。数字博物馆的建设不仅可以促进研究和学科的融合发展，同时也为高水平科研成果的产出提供了必要的信息平台。

（四）实现与欠发达地区的资源共享，有助于消除教育水平差距

数字化博物馆的建设不仅能够有效降低经济欠发达地区实体博物馆建设中的经费消耗和硬件设施及收藏品购买成本，同时也能够解决博物馆中有限的实物问题，从而具有更高的经济效益。数字博物馆借助互联网的广泛传播，有效缓解了我国文化教育事业地区发展不平衡的现状，推动了国民素质和教育整体水平的提升。

尽管数字博物馆在多个方面都具有独特的优势，但它并不能完全取代实体博物馆，这是一个需要更多探索和创新的领域。首先，是因为实体博物馆作为一种社会服务性质的文化机构这一特征不会改变，而且实体博物馆本身就有着不可逾越的社会价值与历史意义。其次，实体博物馆作为藏品收藏和数字博物馆基础设施建设的实体机构，需要收集藏品的数字化信息，以确保数字博物馆的基础设施建设、管理和维护等重要功能得到充分保障。最后，对于博物馆的认知和了解，不应仅限于其在自然文化遗产的收藏、展示和研究方面的一些常见职能，而应更广泛地涵盖更多方面。博物馆，作为一种国家或城市的形象设施，承载着源远流长的传统文化和历史文明，是人类智慧和文化传承的重要载体。换言之，数字博物馆作为实体博物馆的一种拓展形式，与实体博物馆本身的价值并无相互竞争之处。

第三节 数字化博物馆的功能与教育意义

一、数字博物馆的功能

提及数字博物馆的功用,人们首先想到的是将实体博物馆数字化呈现,这是博物馆数字化建设的主要内容之一。通过运用多媒体技术于博物馆展陈工作中,可充分发挥其卓越的展示和教育功能。但除了这一数字博物馆的本质功能外,还有以下功能值得深入发掘。

(一)通过多层面的信息采集形成综合信息资源库

传统实体博物馆所收藏的馆藏资源往往局限于某一方面,难以形成涵盖多个学科领域的综合性馆藏。数字博物馆凭借其信息技术的支持,不仅能够以数字化的方式多维度地收集藏品的信息,同时将多领域、多学科的藏品资源整合为一个综合信息资源库,为各学科的知识结构提供横向联系,从而对科普教育、科学研究和教学活动产生重要影响。

(二)藏品信息的有效访问与查询

藏品信息以数字化形式存储,支持多种存取、查询和检索服务,为用户提供更加高效的使用体验。使用数字博物馆的用户可以通过超链接在网页上进行导航,以获取感兴趣的藏品信息,也可以通过关键词检索来直接搜索藏品的内容;不仅支持基于藏品描述的全文检索,还能根据藏品的分类进行全文检索,并具备关键属性的使用能力。多媒体资源信息的检索范围不仅限于文字,还包括藏品中的图像、视频和音频等多种形式。数字博物馆所提供的强大检索功能,不仅能够协助用户快速准确地定位所需内容,同时也有助于建立不同知识节点之间的紧密联系;不仅具备信息获取的便捷性和高效性,同时还能够实现知识结构的无缝衔接。

(三)藏品信息的发布与传递

数字博物馆可从藏品资源库中有选择性地提取相关资料,并通过虚拟展示实现藏品信息的发布,从而为终端用户提供多种形式和内容的获取藏品相关信息的机会。数字博物馆的资源建设信息传递服务,为人们提供了一种高效的数字化博物馆建设方式。用户可根据个人需求自定义所需接收的信息类型,包括但不限于更改收藏品、发布主题展示和其他内容介绍,同时也可以指定需要传递的藏品信息从信息传递中获取,无需用户在数字博物馆站点进行搜索。

(四) 数字藏品信息的安全保护

在数字博物馆的兴建过程中,确保信息传递的保密性和保护藏品信息的版权是至关重要的。数字博物馆所珍藏的大多数文物都是极为珍贵的稀有资源,其研究和经济价值极高,若不对其进行妥善保护并在公共网络上公开,将会给藏品提供者和资源建设者带来巨大的经济损失。数字博物馆通过运用藏品访问权限控制、数字水印技术以及加密等高级技术手段,克服数字藏品信息安全保护的难题。

二、数字博物馆的教育意义

网络教育资源的构建和维护是实现教育信息化发展的必要前提,需要耗费相当长的时间和精力来完成。网络教育资源库的建立是教育部《面向 21 世纪教育振兴行动计划》中所明确提出的目标。目前,绝大多数经过国家官方批准实施远程教育的教育机构都将教育资源的建设置于至关重要的位置。然而,当前网络资源的分散和建设的不规范,极大地制约了其充分利用的可能性。尽管互联网所提供的教育教学资源丰富且传输速度快,但由于网络资源建设的严重失序,信息孤岛问题已经成为无法回避的难题。此外,教育资源的建设需要持续不断地进行更新和维护,这是一个漫长而复杂的过程,需要持之以恒。可持续发展是良性网络教学资源建设不可或缺的前提。随着教育水平和教学需求的不断提高,教育资源库的内容和功能必须不断完善和更新,以满足时代发展对其的需求。

数字化技术所构建的数字博物馆,因其系统的开放性、可持续性和内容的丰富性,正受到教育界的广泛关注。数字博物馆这一新兴的教育资源已被广泛应用于国外众多高校的正式和非正式教育实践中。大多数数字博物馆致力于为广大市民,特别是年轻人,提供形式生动、内容鲜活的科普教育主题,以满足他们的需求。在基础课程的授课中,数字博物馆这一珍贵资源也被广泛应用于国内外众多高校的课堂教学之中。

(一) 信息表达的深度和广度

实体博物馆或纸质出版物的内容组织和知识传递仅限于有限的参观人群和读者,无法周全地解决深度和广度之间的冲突,这限制了它们的应用范围。此外,由于受到时间和空间的限制,它们无法充分展示其所拥有的全部资源。由于数字技术的支持和存储空间的巨大,数字博物馆不仅能够满足完整的知识体系表达形式,而且还能够考虑到不同层面对知识的需求，从而实现了知识体系的分层有机结合。为了满足学科发展和知识融合的需求，数字博物馆需要不断优化其结构，充实其内容，并及时反映最新的科学发现和成果。

（二）信息内容的组织方式

数字博物馆能够采用多媒体形式，以图文并茂、声像俱佳的方式呈现各类相关知识，为观众呈现视觉的盛宴。文字、图像和动画不仅能够直接呈现具体概念、现象和过程的描述，同时也能够以动态的方式将抽象的逻辑推理和空间转换转化为形象化的表达。通过动画演示和声音讲解的有机结合和巧妙运用，有助于人们更深入地了解知识。此外，这类信息不仅可以按照常规话题进行分类，还可以通过超媒体的帮助，将不同的知识点以链接的形式组织在一个非线性网状结构中，进行多层面、多视角、多方位的编辑，从而实现跳跃式的信息接收，给人一种鲜明、形象、丰富且具有启迪性交互性的感觉，使人们更容易理解和接受更多的知识，从而提高学习效率。

（三）信息表达所依附的媒介物

数字化技术的应用可以实现知识内容的高效存储和传播，超越了传统纸质媒介所无法达到的速度限制。随着科技的不断发展，传统的纸质媒介在颜色、精度等方面已经无法满足信息传播的需求，因此构建数字博物馆可以为多媒体信息的存储和管理提供更加多样化和规范化的方式。

（四）信息访问的时空延展性

参观实体博物馆将受到时间、地点等多种因素的制约，这些因素可能会对游客的参观体验产生影响。随着通信基础设施的日益完备，人们可以随时随地获取数字博物馆相关资源信息，以便于学习和掌握他们所感兴趣的知识。通过数字化构建模式和传播方式的应用，博物馆信息的利用效率得到了显著提升。

（五）受众多元化

由于多种因素的影响，实体博物馆的参观人数受到了限制，但是数字博物馆运用网络技术，扩大了整个传播渠道，从而吸纳了更多的观众群体。数字博物馆的潜在受众群体包括学生、教师和研究者。数字博物馆所呈现的独特特质，催生了这一全新的网络教育资源，对于我国当前的远程教育和课堂教育产生了不可忽视的影响。数字化博物馆为教育事业提供了重要的资源和价值。

1. 提供丰富的教学素材库

数字博物馆以多媒体技术和网络远程教育技术为支撑，呈现出更加直观、互动性更强的内容展示，从而促进了教育方式的多元化发展，不断提升课堂教学效果。数字博物馆为学生提供了一个整合教育内容的机会，使其成为第二课堂的理想场所。该资源库可为教师和学生提供全面的教育资源，使学科体系更加完备，知识内容更加丰富，整体查询和浏览变得更加便捷。教师可以利用资源库中的资源，进行多媒体教案建设或直接实施网络教学，而学生则可以从资源库中寻找与其学习相关的内容，并有目的地进行学习。数字博物馆作为一种跨学科知识整合的方式，不仅能够扩展学生的知识面，同时也能够提升他们的综合素养水平。

2. 为远程教育、继续教育等提供充分的网络资源

数字博物馆运用多媒体技术，将各类有价值的实物及相应的背景资料呈现于网络之中，从而更加集中地展现学科本身所蕴含的深刻意义。资源的广泛覆盖有效地促进了资源共享目标的实现，因此更适用于以网络为媒介的远程教育和继续教育领域，为教育事业注入了更为强大的辐射力。

3. 向全社会开放，为提高全民科学文化素质提供科普教育基地

数字博物馆以其生动有趣的表现形式、独特的叙述方式和充满互动性的浏览方式，为社会大众，特别是青少年群体提供了更广泛的相关教育机会，从而促进了我国大中小学生全面素质教育的发展，帮助学生形成科学的思维模式。由于数字博物馆所呈现的展品具有高度互动性，因此容易感染学生，对于学生的整体教育工作具有极强的说服力，从而比传统的课堂教学更加有效地提升了学生对知识内容的吸收和理解。此外，数字博物馆还可通过举办和策划专题展览等方式，将我国科技发展中的若干重要成果或目前学术研究的重点方向呈现给公众，同时根据不同受众的需求，提供多种具有普及性和提高性双重特点的宣传模式，以满足不同阶层受众的实际需求。此外，数字博物馆以其广泛的网络覆盖、无限制的参观时间和地点等特点，成为更优秀的科普教育基地之一。

4. 提供增值教育服务

扩展基础教育形式的增值教育服务，打破了传统藏品的束缚，同时将教育场所从网络向现实世界转化，为学生提供教学辅助资料或模式，以弥补课本中形象资料的不足，并将其制成光盘分发给部分经济欠发达地区，以解决当地因资源不足而带来的教育难题。

综上，数字化博物馆的兴建具有极高的价值，特别是对于教育领域而言，数字化博物馆可直接作为教育基础设施的基地进行建设。数字博物馆将在学校日常教育和远程教育等领域逐渐扮演更为重要的角色，为学生提供更加全面、多元化的学习体验。

第四节 数字化博物馆资源概述

一、数字博物馆资源的基本概念

数字资源，通常被称为电子资源，是以二进制编码的"0""1"编码形式，将文字、图像、音频、视频和动画等形式的信息储存在光、磁等非纸质载体中，以光、电信号的形式传递，可由计算机或其他外部设备复制。数字资源的整合需要运用数据库技术的管理、计算机技术的加工、通信技术的传递以及多媒体技术的呈现等多种手段，以实现各个领域的无缝集成。随着网络技术的不断发展，数字资源已经深入渗透到人们的生活、娱乐、休闲、学习和工作等多个领域，成为人们日常生活中最为频繁接触的资源形式之一。数字资源的储存、加工和分发，已经成为台式电脑、笔记本、手机、平板电脑等电子设备的主要应用领域。数字博物馆所涵盖的资源范围广泛，包括收藏品及其相关研究成果，其中数字藏品和数字文献资料是主要的展示形式。数字资源不仅是数字博物馆展示、传播和开展各类教育活动的基础，同时也是实体博物馆展览和推广所需的主要材料。

二、数字博物馆资源的特点

（一）类型多样化

数字博物馆所提供的资源种类繁多，还涵盖了各种保护研究资料。静态媒体信息包括文字、照片、图片等形式，而动态多媒体信息则包括影音、视频、动画等形式。各类信息纵横交错，共同为博物馆在展览展示、知识传播以及公众教育等方面所利用。

（二）信息共享化

数字博物馆所提供的资源，在经过无差别和无次数限制的复制后，仍然能够保持信息内容的完整性和一致性，同时不会对信息质量和数据源本身造成任何破坏。此外，数字化博物馆的资源可以通过网络传输到任何一个角落，跨越省市、地区、国家，实现全球共享。

（三）存储介质化

数字博物馆所拥有的资源规模惊人，需要借助存储媒介来提供支撑。数据的存储是一项广泛应用于计算机系统中的任务，从只读存储器芯片到磁盘阵列系统，都可以被用来存储。特定存储介质的基本存储量是决定存储规模的关键因素。

（四）处理计算机化

数字化博物馆资源的整合、索引、分类、编目和报表生成等实际工作，需要借助数据库管理软件、办公软件、报表软件和统计分析软件等工具，在计算机中进行完成。

（五）传输网络化

移动存储设备如光盘、U盘和移动硬盘等，虽然可以在小范围内实现数据迁移，但在大范围内，数据传输仍然需要依赖于网络，因为网络可以在任何距离、地区和时间段内实现数据传输。网络的带宽和时延是决定其传输情况的关键因素。

除了上述特征，数字博物馆资源与一般数字资源一样，也存在着安全性方面的缺陷，这源于其固有的先天属性。数字博物馆资源在生产、加工、处理、储存和发布的全过程中，离不开计算机系统和网络系统等数字化设备，因此其软性和硬件依赖程度极高，若脱离所用软硬件环境，用户将难以负担，甚至无法识别其中的信息。鉴于数字资源在存储和传输方面都将受到计算机和网络病毒的威胁，因此必须建立一套病毒检测和防御机制，以确保资源不会被恶意窃取、篡改或删除。尽管如此，我们仍需谨防某些黑客的主动攻击，以免造成不可挽回的损失。因此，我们必须采取适当的反黑客措施，甚至建立数据备份方案，以确保资料丢失和损坏后的及时补偿。

三、数字博物馆资源的分类

数字博物馆内的资源种类繁多，因此我们可以从多个角度对其进行细致的分类。

（一）按照资源内容进行分类

1. 本体数字资源

数字化采集设备所提供的原始资料，如藏品的照片、录像和三维模型等，构成了藏品数字资源的直接外部感官内容，尤其是视觉内容，真实地反映了藏品的外在表现情况。

2. 描述数字资源

是对藏品基本情况的描述，它通过文字和图像等多种方式对藏品的分类、名称、时代、质地、大小和品质、数量、出土地等资料进行初步判读，由专家提供原始材料以供受众了解藏品的基本情况。

3. 解读数字资源

源于对藏品本体及相关内容的深入研究与分析，这是文物专家与学者合作的成果，进一步揭示了藏品工艺水平和考古价值、历史意义与艺术成就等多个问题的本质，从而将其从一个点拓展为一类收藏、一件事、一个人或一个现象，以实现信息的还原。

（二）按照资源的加工程度进行分类

1. 一次数字资源

数字化采集设备和部分测量工具是数字资源的主要来源，它直接反映了原始藏品的内容，未经任何加工、处理或改造等步骤，从而维护了藏品的原始面貌。此外，所收集的文物经过物理和化学检测后，所获得的基础数据属于一次性数字化资源。

2. 二次数字资源

二次数字资源是对一次数字资源进行精细加工的成果，其中包括对原始藏品的图像内容进行精细修复、对文物三维模型进行精细复原，以及对视频信息进行高效转码和压缩等一系列复杂的操作。这些成果通常牵涉到多个领域的策划、保护、调研和展示，需要各个部门共同努力。此外，二次数字资源还涵盖了部分收藏品的目录、报表以及相关的研究文献。

3. 多次数字资源

数字资源的多次加工和集成，以满足特定需求为目的，需要对第二次数字资源进行进一步的综合分析和加工整理，例如，通过收集藏品的统计信息，制作图表，并汇总年度研究报告和展览信息。

（三）按照资源的媒体形式进行分类

1. 文本型数字资源

在数字资源中，文本型数字资源以字母、数字、符号、汉字等多种形式表达信息，是复杂信息传递中最为常用、最为精确的手段，也是博物馆工作人员最为常用的数字资源形式之一。该文件存储格式和交流形式具有跨平台、跨系统的普适性，其主要来源于两个方面：一方面，它以汉字、字符、数字等形式表达馆藏基本属性和解读信息内容，例如藏品编号、藏品等级、入藏时间、大小、品质、考古意义和文化价值等；另一方面，来自对各类文献、数据等文本型文件进行扫描，并使用光学字符识别软件提取的文本数据，以获取所需信息。TXT、DOC、WPS 和 PDF 等数字资源格式均属于典型的文本型。

2. 图像型数字资源

数字资源多指数字化的图像形式，是客观对象以直观的方式表达，信息作为主要载体，对现实对象或图像进行抽象浓缩和真实再现。扫描仪、摄像机和其他采集设备所捕捉到的真实藏品画面，以及基于测量信息、软件所生成的数字图像，构成了数字图像的主要来源。数字图像的分类方式多种多样，包括但不限于位图、矢量图等，它们都是按照组织形式进行的。位图，一种由单个像素构成的图形，每个像素都拥有独特的色彩信息，因此整个文档所占用的空间相当可观。位图是一种有效的展示藏品细节信息的工具，它能够生动地呈现明暗变化和色彩变化，呈现出真实的图像效果，因此被广泛应用于展示性材料的领域。矢量图是一种数学模型，它通过数学公式的运算，将特定的点、线、矩形、多边形、圆和弧线等要素转化为描述它们的图形。软件是矢量图制作的唯一选择，它不受分辨率的限制，且占用的空间相对较小。在内部交流和保护方面，矢量图是一种常用的表达藏品器形、结构等信息的图形化工具，因此在研究工作中被广泛采用。位图和矢量图可以相互转换。常见的位图文件格式包括 JPG、GIF、PNG 和 BMP，而 SWF、SVG、WMF、EMF 和 EPS 这些格式则常用于矢量图的制作。

3. 音频型数字资源

指的是通过数字化手段记录、存储、编辑、压缩或播放声音的数字化音频资源，其中声音种类包括语音、音乐和自然声响。数字化音频的品质与播放过程中的采样率、数据存储量和分辨率成正比，即采样率越高、数据存储量越大、分辨率越高，则播放过程中的音频品质越为卓越。音频的品质只与录音的质量有关，而与音频播放设备无关。为了将音响设备中的声音转化为数字信号，必须进行模拟信号的转换。数字化音频与传统的磁带、广播、电视等媒介所产生的声音，无论是在存储还是播放方面，均呈现出根本性的差异。数字化音频的储存和传输具有高度的便捷性，其过程中不会产生任何声音失真，同时编辑和处理也非常方便。数字化音频常被运用于记录社会和自然界中的声音信息。数字化音频的文档所包含的内容不仅仅限于主音频数据，还包括一些控制数据，例如计时码、数据均衡等等。数字音频文件的典型格式包括 WAV、MP3、WMA、OGG、RM/RA 等多种形式。许多文件格式都以文件头部为基准，对采样速率、信道数量、压缩类型以及其他相关信息进行了详尽的描述。

4. 视频型数字资源

数字转换后，录制和模拟的视频信号转化为视频型数字资源。利用视频采集卡将模拟视频转化为数字信号，并运用数字压缩技术将转换后的信号储存于计算机磁盘中，从而实现数字视频的生成；从另一个角度来看，利用数字视频采集设备，我们可以将外部信息直接记录下来，从而生成数字化的视频。数字视频采集设备中，数码摄像机以其广泛的应用而脱颖而出。尽管数字视频的数据量庞大，但其具备长时间保存的便利性以及能够在无数次的复制中保持不失真的特性。信息的传递主要借助于光盘、网络等多种媒介。数字视频常被运用于记录那些需要视听双重感知的场景，如民间舞蹈、传统戏剧、曲艺、手工艺和节庆仪式等，这些场景需要视觉和听觉的双重感知。典型的视频文件格式包括 MPEG、AVI、WMV、RMVB、MOV、RA/RM/RAM、MP4、FLV 等。

5. 动画型数字资源

数字资源的动画型表现形式强调对时间、地点、方向、速度等要素的变化，通过软件实现画面的动态变化。动画可分为二维动画、二维半动画和三维动画。利用数字动画技术，我们能够模拟出史前生物的形态和活动情况，同时也能够模拟肉眼不可见的微观和宏观世界的过程。典型的动画文件格式包括 SWF、GIF、MAX、FLA、Flash 等。

（四）按照资源的获取形式进行分类

1. 本地型数字资源

指的是来自相应计算机或内部局域网的各种资源，这些资源通常与博物馆内有关部门的各项工作有关，例如在对藏品进行管理的计算机中记录某一件藏品或采集藏品的基本统计信息等。此外，部分来自馆内局域网的开放性藏品所包含的文字、影像、视频资料，以及相关研究成果和展览情况，均属于本地型数字资源的范畴。

2. 网络型数字资源

指的是通过外部互联网获取的各种资源。互联网的普及不仅将博物馆之间、博物馆与研究机构之间、博物馆与图书馆和档案馆之间、博物馆与学校之间等联系在了一起，同时也将博物馆与广大民众紧密联系在了一起，使得更加丰富、更加充实的信息得以交流和共享。在网络上，博物馆可以浏览专门为研究某一器物或器物种类而编写的书籍或文献资料，或者在档案馆中查看某一处历史照片、影片和档案信息，同时也可以在古建筑研究所获取古建筑修缮资料。此外，博物馆还可通过网络获取公众参与的藏品解读和拍照，以将好的作品和专业学术内容纳入博物馆本地资源库中。

第五节　数字化博物馆资源采集

一、采集手段

博物馆数字资源的收集可以通过多种途径进行，包括但不限于利用藏品种类和数字资源的媒介形式。

(一) 古籍类

古籍是1912年前所撰写或刊印的中国古典装帧形式之书，其中包含有历代刻本、写本、稿本及拓本等。这些先贤留下的精神财富和历史见证，无论是在内容还是形式上，皆为无价之宝。由于其非再生性，经过长期的传承，古籍文献的保存面临着不可避免的虫蛀、老化和霉蚀等自然损坏现象，再加上环境污染的日益严重，导致其酸化和老化加速，现状并不容乐观。古籍文献数字化的目标在于保护和利用古籍文献，通过计算机技术将普通语言文字或图形符号等数字化转化为计算机可识别的符号，从而实现对古籍文献的数字化处理。数字化古籍文献不仅能够将其文物价值与文化价值分离开来，而且能够永久地记录和保存其本体形式，同时还能够将所提取的信息公开给广大研究者，以达到更好的本体保护和价值利用目的。数字化古籍文献本体，即通过数码摄像机或平板激光扫描仪采集图像信息，将古籍文献中的文本（包括图表）以图像形式储存，从而确保古籍文献的原始状态、版式保存完好，同时避免文字错误的出现。数字化古籍文献内容的过程分为两个阶段：第一个阶段，是对古籍文献内容进行系统整理。在数字化古籍文献之前，必须进行必要的组织工作，以确保古籍整理的专业人士在底本的选择、编纂、校勘、标点、注释和今译方面都能够取得显著的成就，因为这些文献主要以繁体字为主，同时也存在许多异体字和通假字，且缺乏标点符号，行文格式也相对繁琐。第二个阶段，我们可以选用三种不同的录入方式来录入古籍文献的内容。

1. 光学字符识别输入

光学字符识别输入技术（OCR）是一项高度先进的信息资源自动输入技术，其流程包括使用光学仪器、传真机或其他摄影器材将图像传输到计算机上，并通过对明暗图案的探测来确定图像的形状，最终通过字符识别方法将图像转换为计算机文字。从古籍文献图像到输出结果，需要经过一系列复杂的步骤，包括图像输入、图像预处理、文字特征提取、比对识别、人工校正以及文字和版面信息的输出,这些步骤构成了一个完整的过程。图像处理和模式识别技术在识别的全过程中都扮演着不可或缺的角色。该方法具有快速的识别和转换能力,结合人工校错技术,能够直接将古籍文献中的文字转换为相应的文字,从而提高了输入效率,同时也节约了人力和物力成本,成为当前最受欢迎和流行的方法。

2. 键盘输入

为确保古籍文献全文能够被准确输入到计算机中,需要有专人使用拼音、笔画和五笔输入法进行输入操作。通常情况下,为了降低文字错误率,需要进行文字校对工作,其中包括计算机自动校对和人工辅助校对两种方式。然而,这种依赖于人工输入的方式,在处理大量古籍文献急需转化的情况下,其速度远远无法胜任。

3. 手写输入和语音输入

随着智能输入技术的不断进步和各种输入终端设备的日益完善,手写输入和语音输入已逐渐成为人们关注的焦点,并广泛应用于计算机、智能手机和其他平台。手写输入的实现依赖于手写识别技术的运用。手写识别是一种将手写设备上的有序轨迹信息转化为汉字内码的技术,它为用户提供了一种自然便捷的输入方式,可以替代键盘或鼠标。手写输入设备的种类繁多,涵盖了电磁感应手写板、压感式手写板、触摸屏、触控板和超声波笔等多种类型。所有这些设备均可与计算机相连,实现了古籍文献的直接输入,使得输入人员可以轻松地获取文本内容。语音输入,又称为麦克风输入,是通过语音识别软件将录入者的语言内容转化为可识别的汉字,从而实现语音输入的功能。一般而言,记录者需要在与计算机相连的麦克风和其他语音输入设备上,提供单词的发音信息。语音输入作为一种自然的、易于使用的输入方式,为人们提供了一种便捷的方式。在汉字录入的过程中,由于同音字的数量众多,因此系统将提供部分同音字的选择,以实现精准的定位。尽管手写输入和语音输入是一种相对自然、便捷的方式,但由于其需要手工书写或逐字拼读,而不是像光学字符识别那样快速,因此难以满足广泛录入古籍文献的需求。在语音输入方面,录入者必须准确地读字,这就要求那些专门学习古文字的人必须识别古籍文献中大量的生僻字、异体字和通假字,以确保输入的准确性。鉴于该方法受限于专业领域,因此并非所有人都具备承担语音输入任务的能力。由于一系列问题的出现,语音输入这一模式的广泛应用变得异常困难。

(二)书画类

博物馆所珍藏的书画艺术珍品,涵盖了书法和绘画两个领域,通常指的是备受推崇的书法家或画家的杰作,包括但不限于手卷、碑帖、拓本、国画、油画、水彩画、水粉画和漆画。这类珍藏具有极高的艺术研究价值,同时也是人类历史演进过程中不可或缺的重要佐证材料。然而,在书画类藏品的保存过程中,由于其主要由纸张、丝织品或棉纺织品所构成的纤维质地,因此面临着许多挑战。一是书画类收藏品因其自然的纤维质地,容易招致害虫侵袭和啃食。二是由于其天然的纤维结构,书画类藏品的表面容易滋生霉菌,特别是对于纸质书画类藏品而言,在空气接触、光线照射和环境湿气等因素的作用下,纸张会发生氧化反应,导致其变黄变脆。书画作品的收藏受到空气中的有害物质和灰尘等的影响,其中二氧化硫等有害物质会腐蚀藏品,而灰尘不仅会改变有机纤维质地的色彩,还会在收藏表面形成一层难以清除的污垢。藏品中存在大量微生物孢子,特别是霉菌孢子,这些孢子在灰尘中繁殖,对藏品的完整性造成损害。由于多种因素的影响,书画类藏品的保存现状并不乐观,若长此以往,将会对其外观产生明显的负面影响。因此,对于书画类收藏品而言,必须立即进行记录,并采用更加高效、严谨的保护措施。通过数字化的方式,我们不仅解决了记录问题,而且运用了先进的图像处理技术,使得收藏品的艺术魅力无须接触即可被观众欣赏,从而在保护和鉴赏之间达到了一种有效平衡。数字化采集书画类藏品的主要目的在于获取其外部数字图像信息,因此,借助扫描仪或数码相机进行数字化采集是一种可行的方法。

扫描仪是利用光电技术和数字处理技术,将图形或图像信息以扫描的方式转化为数字信号的装置。扫描仪常被运用于计算机之外,它能够捕捉图像并将其转化为数字化内容,这些内容可供计算机进行显示、编辑、储存和输出。当扫描仪工作时,其所产生的强光照射在扫描对象身上,导致未被吸收的光反射至光感应器,随后这些光感应器接收到信号并被传送至模数转换器(ADC),后者将这些信号转换为计算机可读取的信号,并由驱动程序将其转换为显示器上的适当影像。扫描仪的核心部分在于其内置的光感应器和模数转换器,这两个组件的协同作用对于扫描仪的性能和精度至关重要。扫描仪的主要技术参数涵盖了图像分辨率、灰度级、色彩饱和度、扫描速度以及扫描幅面等方面。目前,针对书画类藏品的扫描仪可分为平板式和滚筒式两大类,以满足不同需求。

(1)平板式扫描仪是一种采用电荷耦合器件或接触式图像感应装置作为光感应器的扫描仪,其分辨率介于 300 到 8000 dpi 之间,色彩位数则在 24 到 48 位之间,而其扫描幅面则通常是 A4 或 A3。

(2)滚筒式扫描仪源自电子分色机,其所采用的光电倍增管(PMT)传感技术被广泛认可为高精度彩色作品的最佳选择。滚筒式扫描仪采用滚筒旋转扫描物体,通过逐点采样的方式,将强烈的光线聚焦到被扫描物体上的采样点附近,同时保持原稿不受损坏。此外,其扫描密度范围广泛,可有效区分图像中微妙的层次和颜色变化,光学分辨率普遍高于平板式,扫描幅面可达尺寸 A0。

随着时代的发展,扫描仪的应用也得到了广泛的提升,如今,许多扫描仪已经具备了自动进纸和连续扫描等多种先进功能。此外,为了更好地满足用户对具体藏品的扫描需求,许多制造商已经建立了专门的扫描平台,以满足不同类型扫描仪的需求。鉴于大幅书画类藏品在扫描过程中可能需要多次扫描才能完成,再加上可能出现画面倾斜、阴影黑边等问题,因此通常需要对扫描结果进行简单的编辑处理,包括倾斜矫正、阴影黑边的裁剪和空白页的检测删除,同时将多张分散的图像拼接在一起。

数码相机不同于传统照相机,它利用电子传感器将光学影像转化为电子数据,从而实现了底片的物理和化学变化记录。在数码相机领域,为了替代传统相机底片的化学感光功能,人们采用了光诱导电荷耦合元件(CCD)或互补金属氧化物半导体(CMOS)器件。当数码相机按下快门后,其镜头将光线聚焦于感光器件 CCD 或 CMOS 上,从而将光信号转化为电信号。在数码相机系统中,由于 CCD 输出的信号是模拟信号,因此需要使用模数转换器将模拟信号转换为数字信号,以实现数字化处理。在数码相机的 CMOS 器件中,数字化传输接口的使用使得模数转换器不再是必要的。经过数字信号的数字化处理,利用微处理器(MPU)提取 CCD 的数据信息,对数字信号进行压缩、转换和相应的处理,最终将其转化为具体的图像格式,并将其存储在存储器中作为文件保存。数字摄像机的构成要素包括光学镜头、COMS/CCD 光电转换器件、A/D 转换器、MPU 微处理器、内置存储器、LCD 液晶显示屏、可移动存储器以及计算机/电视机接口等。在这些相机中,光学镜头是数码相机的"眼睛",其主要功能在于将光线聚焦于 CCD 或 CMOS 上,当镜头质量提高时,所拍摄的照片将呈现出更加清晰的效果。焦距、视场角、相对口径、分辨率和畸变率是镜头的主要性能指标,而镜头又可分为变焦和定焦两种类型。综合考虑,衡量数码相机性能的标准包括但不限于像素数、摄影元件尺寸、变焦比例以及镜头的亮度。目前,常见的数码相机种类包括卡片数码相机、数码单反相机以及长焦数码相机。目前,卡片数码相机在行业中尚未形成一个明确的概念,其主要特征在于其机身小巧轻便,设计风格超薄时尚,令人印象深刻。数码单反相机指的是一种单镜头反光的数码相机,其特点在于将曝光光路和取景光路合并为一个镜头。单反相机的独特之处在于其支持多种规格镜头的互换使用,这是其他数码相机无法媲美的。长焦数码相机是一种光学变焦倍数较高的数码相机,其能够捕捉到远距离的风景,随着倍数的增加,能捕捉到更远的景物。长焦数码相机的镜头原理类似于望远镜,它利用镜头内镜片的运动来实现焦距的变化。数码相机因其储存容量较传统胶卷相机更大,可随时取用,方便输出和操作,因此备受用户青睐。对书画类藏品来说，要求所拍画面清晰，色彩还原精确纯净，画面变形较少，所以一般都是用单反相机拍摄，焦距一般为50~85毫米，相机需固定三脚架拍摄。对于那些需要进行摄影的书画类藏品，其外观应当呈现出完美的平整度，以经过精心的装裱或简单的加工为最佳选择。为了避免在拍摄大幅作品时出现变形和光照不均等问题，最好采用分块拍摄的方式，然后进行接片。

（三）器物类

器物包含的材质千差万别，品种繁多，包括石器、陶器、铜器、铁器、金银器、玉器、瓷器和漆器等多种类型，这些器物反映了人类社会在各个历史时期的生产和生活方方面面，是人类最为强大的见证者之一。由于器物种类的多样性和复杂性，器物的保存环境也变得异常复杂和多样化，各种器物都存在着脆弱易损的风险。漆器、骨质文物和象牙制品等有机制品容易受到微生物的侵蚀，导致其自身的力学性能和抗腐蚀能力降低。木质制品，如漆器，主要采用含有纤维素、半纤维素和木质素等原材料制作，由于纤维中富含亲水性基因，木材易于发生膨胀和收缩，而半纤维素的化学稳定性则不尽如人意，器物内部的水分可能会因温度、湿度、气体和光线的突变而快速流失，导致器物出现形变、翘曲、皱纹和开裂的现象。骨质文物和象牙制品容易出现断裂、糟朽和粉化等现象，遇热湿容易翘曲。骨骼中的脂肪类物质易受氧化、水解、细菌侵蚀和损伤的影响。尽管无机类器物数量众多，但它们同样面临着多种不利因素的困扰。彩陶表面的颜料容易黏附并附着于土壤表面从而导致脱落，在烘干过程中，粉化作用也容易引起颜色脱落的情况。铁制器具在受到氧气、水分等多种因素的影响下，容易出现氧化腐蚀的现象。瓷器，作为一种易碎的物品，其损坏原因多种多样，包括但不限于振动、挤压、碰撞等因素，操作上的疏忽也可能会导致瓷器的毁损。银器的抗腐蚀性较差，同时在潮湿环境和空气中存在硫化氢和硫化物等物质，这些因素都会导致银器表面氧化，从而使其颜色变灰或变黑。这类器物在漫长的保存过程中遭遇了巨大的挑战，因此迫切需要数字化技术来协助解决其保护和使用难题，以数字化技术最大限度地记录其外部形态、色彩、纹饰和构图。一般器物类藏品的数字化采集可分为二维数字图像和三维模型两种不同的表现方式。利用数码相机捕捉器物的数字图像信息，是二维图像的主要实现方式。而以数字图像的方式呈现器物的三维空间形态，通常需要进行多角度摄影，以获取器物的正视图、俯视图和左右视图。此外，还需要增加顶部、底部、局部纹饰特写、造型特写、立面360度以及冲口或残缺处的特写，以便更全面地呈现器物的特征。在同一视角下，需额外拍摄若干张照片，以避免偶尔出现虚焦等的情况。对于扁平的器物，一般需要拍摄其正反两面的照片，如果边缘有特殊的信息，还需要拍摄其边缘的影像，以便更好地呈现其形态。在进行器物类收藏的摄影时，应当以真实的方式呈现收藏的真实面貌，不能造成照片比例失调、失真等情况，更不可在拍摄过程中损坏原器物。

对于器物藏品的三维模型采集，可采用软件建模、图像建模以及三维激光扫描仪这三种主要方法。

1. 软件建模

软件建模过程可采用3DMAX、Maya、UG和AutoCAD等三维建模软件，这些软件以立方体、球体和锥体为基本几何元素，通过平移、旋转、拉伸和布尔运算等一系列复杂的几何操作来建立高度复杂的三维模型。通常情况下，这种建模方式需要工作人员先获取器物空间的测量数据和纹理信息等，然后在此基础上构建模型。该工作存在着大工作量和低效率之间的矛盾，需要进一步优化和改进。由于建模人员所掌握的专业知识和经验在很大程度上决定了建模过程的精度，因此无法保证其准确性。

2. 图像建模

在图像建模过程中，器物的三维几何结构是至关重要的，因为它直接影响着重建效果，整个过程类似于人类视觉再现的过程。根据数量的不同，图像可被归为单幅图像和多幅序列图像两类。通过对比度和灰度等图像特征的分析，单幅图像能够判断光照是否被反射，从而进一步推断图像的深度，以获取物体的形态信息。通常情况下，形态信息的复原主要依赖于纹理、轮廓和阴影三个方面的综合恢复。对于多幅序列图像的处理，我们需要运用光度立体学法、立体视觉法或光流法来确定光照和反射的不变量，并在此基础上建立其形态信息。利用真实照片进行物体三维几何重建，不仅具有高度的真实性和易操作性，而且其成本低廉，是一种极具优势的方法。在本方法中，特征点匹配是一项至关重要且具有挑战性的任务，同时也是科学研究领域不断研究的课题。

3. 三维扫描仪建模

通常采用三维激光扫描仪进行实际对象的三维建模，这种方法可以快速、便捷地呈现真实世界中的立体空间信息，并将色彩信息等转化为数字信号，最终由计算机直接进行处理。相较于传统的平面扫描仪和摄像机，三维激光扫描仪能够获取器物类藏品表面各个采样点的三维空间坐标和色彩信息，具有独特的优势。数字模型文档中记录了各个采样点的三维空间坐标和色彩，这些信息可以直接在三维模型软件中进行编辑和处理。三维扫描仪的运用对于这种建模方式的实现具有至关重要的影响。三维扫描仪是一种科学仪器，用于探测和分析现实世界中物体或环境的几何构造和外观数据，包括色彩和表面反照率等特性，其工作原理可分为接触式和非接触式两种。为了最大程度地保护所收藏的物品，通常会选择使用非接触式的三维激光扫描仪。三维激光扫描仪具备全自动拼接信息的能力，其高效率、高精度、高寿命和高解析度的特点，使其成为扫描复杂自由曲面物体和松软易变形物体的理想选择，但对于反光物体则表现出较高的敏感性。此外，借助三维激光扫描仪，我们能够快速捕捉到物体的纹理特征，并同时获取物体表面的三维数据，呈现出高度逼真的效果。利用激光测距原理，三维激光扫描仪能够记录被测物表面上密集点的三维坐标、反射率和纹理信息，从而快速构建被测物的三维模型以及相关的线、面、体图像数据。该仪器具备非接触式、高速、高渗透性、实时高密度、高精度和高度自动化等特点，可满足三维模型高精度、快速获取的需求。三维激光扫描仪可根据其所搭载的载体分为四种类型，分别为机载、车载、地面和手持。三维激光扫描仪的测量方式可归纳为脉冲式、相位式和三角测距式，这些方式各具特色，为其应用提供了多种选择。随着脉冲式三维激光扫描仪的射程逐渐扩大，精度却有所削弱。相位式三维激光扫描仪是一款高精度、适用于中程测量的仪器，其测量距离值可通过两次间接测量获得。尽管三角测距式三维激光扫描仪的测程最短，但其卓越的精度使其成为近距离和室内测量的理想选择。因此，对于中小型器物而言，采用相位式或三角测距式的三维激光扫描仪能够获取其三维模型的信息。适用于脉冲式三维激光扫描仪的应用范围包括对亭台、古桥和庙宇等建筑物的三维模型进行获取。然而，针对那些表面脆弱易损的物品，三维激光扫描仪并不具备适用性。

（四）其他

除了收藏古籍、书画和器物之外，博物馆还收藏图像和视听类物品。通常情况下，这些资料会以磁带、胶片等介质的形式保存，但若长期储存，可能会导致带基老化、磁带打卷和磁粉掉落等问题，从而影响其品质。为了确保这类收藏品能够长期保存并保持其品质的稳定性，必须运用数字化技术将其转化为数字化的声音和视频资料，以实现数字化处理。对于磁带介质而言，其主要职责在于将模拟音频和视频信号转换为数字信号，也就是模数转换，这一过程需要进行采样、量化和编码等多个环节。音频信息数字化需要经过磁带播放机、带声卡计算机、音频转录线以及音频转换编辑软件，数字化后的内容以 MP3 或 WAV 格式存储。而视频信息的数字化则需要经过视频资料播放设备、带有视频捕捉卡的电脑、视频线和视频识别、捕捉和处理软件进行，数字化后的内容以 AVI 或 MPEG 格式存储。数字化胶片介质的方式有两种：一种是通过扫描仪直接扫描胶片以获取数字化文件，另一种则是通过胶转磁收集磁带以获取数字化文件。通过直接扫描，可以获取到图像序列帧、TIFF 格式（线性录制）或 DPX 格式（Log 录制）等多种类型的图像，这些图像不仅品质上乘，而且细节丰富。但扫描方式一般都比较慢，2K分辨率大概需要15秒的时间。胶转磁技术是一种将模拟图像中的胶片信号转化为磁带录像电信号的高级技术，其核心原理在于利用电视电影机将胶片图像转换为录像的电子信号，并通过磁带录像机将录像的电子信号转换为录像磁带中的格式。通过该方法，可获得经过标清或高清处理的磁带。电视电影放映机可分为摄像机组型、飞点扫描型和电荷耦合器件扫描型三种，其中胶转磁设备指的是汤姆逊所使用的 Spirit Data Cine。经过胶转磁处理后，通过直接取样磁带，我们可以获得数字化的文件。为了还原视频和音频信息的色差和饱和度，消除划痕和删除空白，除了实际的转换工作外，还需要对其进行基本的修复。一般而言，针对胶片或视频图像中出现的各种问题，可以采用在线直接修复的方式，利用自动模式或交互模式工具进行修复，以消除划痕、霉斑、噪点、污垢、闪烁和抖动等不良影响；另外一种类型的操作是将电影进行数字化处理，然后对数字化后的文件进行影像修复。音频信息的处理可以通过音频处理软件实现平衡、动态、降噪或转换为双声道立体声等多种高级技术。为了消除视频信息中的噪声，我们可以使用视频处理软件来调整亮度、灰度和对比度等参数，同时利用前后图像的相似性和相同性来消除划痕、霉斑和污点等不良影响。

通过以上措施，可以实现对已存储的影像类藏品进行数字化转换。利用视频数字化设备，可以在现场对需要录制和储存的影像信息进行数字化处理，从而生成数字化文件。作为数字化视频的主要设备，数码摄像机所采用的存储介质涵盖了磁带、光盘、硬盘以及存储卡等。数码摄像机的技术参数涵盖了电荷耦合器件的尺寸、水平分解力、最低照度、扫描制式以及信噪比等方面。在博物馆的实际应用中，需要综合考虑录制对象的特征、放映地点的选择以及实际经济情况等多方面因素，以确定最适合的摄像机类型。

博物馆在进行实际的数字化收藏时，除了实体收集之外，还需要对藏品的名称、级别、大小、品质和时代等登记信息进行统计，并将这些文字信息输入计算机，以数字化转化藏品中的历史、艺术、科学和文化价值文字信息。完成这些任务通常需要进行人工输入，这就要求工作人员必须熟练掌握计算机的基本操作和快速输入法的使用，以确保输入效率的最大化。在录入过程中，录入人员必须严格遵循真实性和完整性的原则，同时遵守术语规范和操作规程，以确保信息的准确性和完整性。随着参与输入的人数增加，转换速度也会随之加快，这是一个理论上的规律。但为了确保数据的真实性、科学性和规范性，在实际操作中，通常采用单人输入、多人校对的方式，并将主要精力投入到信息校对工作中，以减少输入误差。通过多人校对，可以弥补单人校对因过度劳累而导致的误差，从而提高数据录入的准确性。校对人员应当具备专业知识，能够快速检测录入数据是否存在标点符号的错误、用词的不当以及语句的错误。

第六节　数字化博物馆资源管理

针对数字资源的管理体系,我们需要在资源、功能和服务三个层面上进行构建,以确保其高效运转。

一、资源层面

实现资源层面的数字藏品资源库的构建和知识库的建立是主要目标。数字博物馆的运营离不开数字藏品资源库的建设,这是数字博物馆活动的基础所在。该因素不仅对博物馆内部各项事务的推进产生影响,同时也对博物馆的可持续发展产生深远的影响。数字收藏品的种类繁多,蕴含着丰富的内涵和多样的表现形式,因此在对其进行管理时,必须同时考虑其科学性和合理性,以及整理和检索的便利性。所以在构建多媒体资源库时,通常会以数字藏品这一媒介形式为基础。多媒体资源库是为满足不同媒介类型的需求而构建的,其构成如下。

1. 藏品图像库

是针对所收藏的数字图像建立的一个高效的数据库,以便对其进行有序的组织、存储和查询。

2. 藏品音频库

其目的在于对数字音频进行记录或合成,以便于对各种声响进行有效的整理、储存和检索。

3. 藏品视频库

其目的在于对数字视频进行记录或合成,它能够有效地整理、储存和检索数据库中的动态视频资料,包括但不限于加工流程、制作过程、仪式过程、演出过程、行为方式以及解说录像等。

4. 藏品三维模型库

该库可利用三维激光扫描仪获取的资料或建模软件生成的资料作为研究对象,有效地组织、储存和检索三维点云数据、网格数据或曲面数据,以呈现藏品空间的立体形态和内部结构。

5. 藏品基础资料库

该库包含了藏品的基本说明资料和诠释资料，以及藏品的名称、时代、质地、大小、品质、数量和出土地等信息，这些信息经过专家初步诠释后，具有文化背景和历史意义。

在实现多媒体资源库的过程中，可以采用扩展关系数据库的方式，例如运用面向对象的多媒体数据库技术、超文本或超媒体数据库技术等。

知识库是对藏品本体及价值进行深入研究和发掘的成果，其中包括藏品多个方面所蕴含的历史、科学、艺术价值；挖掘所收藏之物中蕴含的信息，超越时间和空间的限制，持续不断地呈现其所处的社会环境，包括政治、经济、文化和社会教育等方面，以此揭示被尘封的历史。知识库不仅存储了藏品、档案和文献资料等相关信息，还能够系统化地整合和分类不同专业领域中的相关知识，为各行业用户提供跨领域多元知识的获取、共享和使用基础。

二、功能层面

提供数字藏品资源库和知识库的使用方法和手段，以满足博物馆内工作人员和馆外用户的需求。为博物馆内部员工提供全方位的服务，包括但不限于浏览、查询、增删、修改、更新、分类、统计、分发和报表生成；同时为馆外用户提供一系列基本功能，包括浏览、检索、查询、分享和上传下载，以满足他们的各种需求。

三、服务层面

数字博物馆以网络为媒介，将不同行业的用户连接起来，并提供有线或无线服务，使得用户可以通过个人电脑、平板电脑和智能手机等多种设备进行获取。在数字博物馆系统中，用户以数字藏品资源为导向，可启动各种需求直观表达层和各类信息反馈和服务最终体现层，以满足他们的需求。数字博物馆与用户之间的互动与交流，是服务层所呈现的一种形式。此外，数字藏品系统的服务层不仅是博物馆日常事务的直观处理渠道，更是博物馆人员获取藏品浏览、资料下载和信息查找等服务的重要渠道。

为了确保数字资源的完整性、一致性和安全性，同时方便三个层次的交互运作并提高系统服务的质量和效率，必须对用户进行有效的管理和控制。

用户管理是一种将用户按照其所属的分类或作用赋予不同级别权限的管理方式。在数字资源库的构建过程中，博物馆用户需要进行权限管理，包括但不限于增、删、改、查、检等功能。授权、管控和监管行业用户、公众用户以及博物馆的普通工作人员的资源利用，并根据实际情况为其配置查询、浏览等服务，同时提供下载、上传和其他功能权限，以保护资源使用者的权益不受侵害。在用户资源权限管理的不同方面，应该采用联合、完整和分等级、分层次的公开策略，这些策略可以与数据库视图技术相融合。

第七节　数字化博物馆资源利用与保护

随着时间的推移，数字化资源在博物馆内部的展览和教育、馆外的学术研究、电子出版以及文化创意产业中的应用越来越广泛。数字资源因缺乏相关法律与管理，其易于复制、传输和篡改等特性，导致数字资源知识产权侵权问题时有发生，因此，迫切需要对博物馆数字资源知识产权保护及其他相关问题进行深入研究和分析。本节旨在对博物馆数字资源的利用情况进行全面梳理，深入分析博物馆数字资源知识产权的保护现状，找出其中存在的问题，并探讨在立法、管理、技术三个层面上的措施，以构建完善的保护机制。

一、数字资源利用现状分析

半个多世纪以来，博物馆数字资源建设已经跨越了文字、照片、声音、视频、动画和三维模型等多个领域，实现了质和量的巨大飞跃。数字资源的价值已经不再局限于其自身的存储和管理，人们现在更加注重如何高效地利用数字资源，以实现其最大潜力。数字资源的充分利用已成为博物馆和社会相关领域发展的热门话题，引起了广泛的社会关注。下面对于博物馆等产业数字资源的利用进行简要的梳理和总结。

（一）博物馆

1. 展览的搭建与提供协助

为实现实体博物馆或数字博物馆的展示，需要充分利用博物馆数字资源，包括但不限于内部多媒体展项、数字互动装置、数字博物馆虚拟展览、藏品展示以及移动媒体中的展示应用。如积极探索数字藏品资源的多元化利用，通过资源信息建设和移动互联技术的应用，充分挖掘数字资源的价值，为观众提供更加丰富的服务。目前，馆藏内容的推送呈现出多种形式，包括音视频、图片以及三维模型等。

2. 开展教育项目

数字资源是实施教育项目的主要内容，旨在为博物馆教育提供服务，包括网络课程、电子书、专题学习视频讲座、纪录片和网络节目等。如设计在线教育项目，为学习者提供一个轻松了解博物馆项目并积极参与其中的机会,同时配合教育活动,运用数字化资源,探索网络游戏和动画等领域的开发。

(二) 其他行业

1. 教育研究机构

作为人类了解历史和展望未来的绝佳场所,博物馆为我们提供了涵盖文学、历史、哲学、艺术、自然和技术等多个领域的全面资源。这些资源不仅为学生提供了可供学习的对象,同时也为从事课题研究的研究者提供了有力的支持。由于博物馆收藏的独特性和易损性,为了满足保护需求,通常会限制受众与藏品之间的直接联系,这使得对其进行利用和解析变得更加困难。藏品的实际功能实现受到了多种制约因素的阻碍,这些因素无疑对其产生了不利影响。随着藏品数字资源的兴起,使收藏、保护和使用、研究等方面的矛盾得到了缓和。实现各种学习和研究需求的方式多种多样,包括但不限于利用收藏品图像、视频、三维模型等多种手段。历史博物馆和自然博物馆提供具有代表性和针对性的图像资料,可供学校历史课、自然课以及其他专题课程的课堂教学使用。对于艺术专业的学生而言,将艺术博物馆所珍藏的文物作为范例进行讲解,将这些文物视为自己模仿的对象,是一种可行的方式。对于博物馆馆藏的数字资源,研究机构可以直接进行课题研究,并根据研究目的进行筛选,以确定可供使用的数字资源种类。研究艺术史的学者可运用器物的影像、录像和三维模型等多种材料对器物的形态、色彩、纹饰和构造等多个方面进行深入探究。这些信息具有优异的可替代实物性,可供更广泛的人群分享和利用,同时也可作为可复制、可加工的素材。一些机构和博物馆也实施了多项专项计划,以促进和支持基于收藏数字资源的研究工作。

2. 出版行业

博物馆行业出版和其他机构出版共同构成了出版行业的两大支柱。由博物馆主导出版,一般的内容都为对博物馆的展项、教育活动、保护和修复研究的详细阐述。这类出版物通常利用收藏品的图像资源、编目信息,并以纸质媒体为媒介广泛传播,偶尔还会通过扫描或摄影等方式将其转化为数字化形式,并发布到网站上,供受众在线阅读。除了博物馆出版,还有其他机构的出版需要利用博物馆数字藏品资源,例如历史教材、自然教材和动植物教材等,这些出版物都需要使用博物馆文物、标本或模型图像作为案例图;某些学者所撰写的研究专著,其所涉及的历史、艺术或科技价值,均要求利用博物馆所珍藏的影像素材,为其作品绘制精美的插图;为了支持名家画册、器物赏析以及其他图录出版,需要借助博物馆丰富的藏品图像资料，以便更好地呈现这些作品。此外，在出版一些休闲、娱乐类的书籍时，例如个人游记、都市旅游游览指南、摄影入门及指导，有时还会运用与博物馆收藏相关的图像信息，以丰富读者的阅读体验。数字化媒体是电子出版物的主要素材来源，其中包括文字、图像、声音、录像等多种形式。此类出版物的发行方式涵盖了光盘、磁盘、网络以及移动终端等多种媒介形式。博物馆数字资源是各种与博物馆相关的收藏和资料电子出版物所必需的，以确保其信息的充分利用。电子出版不同于传统的图像资料利用方式，它可以通过多种媒介形式，如电子杂志、电子期刊、电子书、电子相册和软件读物，创造出更加生动、鲜活的内容。

3. 文创产业

博物馆数字资源在文创产业中的应用，主要源于博物馆创意产品的不断创新和影视、动漫、广告、工业设计创意群体产品的不断涌现。在博物馆的创意产品开发中，特别注重推广博物馆独特的文物和艺术衍生品，以促进其发展。通过挖掘博物馆馆藏资源中的文化价值和设计元素，并对其进行再加工，可以将其应用于纪念品的设计和生产中。这类纪念品呈现出明显的博物馆藏品特色，是博物馆推广知识和拓展业务的有力工具。数字资源在博物馆藏品中融合了多种感官元素，包括平面和立体形态，将色彩、质感、结构和造型等融为一体，其可复制、易传输和易处理等特性使其成为文创产品发展的最佳材料。目前，很多博物馆与文化衍生品设计、制作企业联合开发博物馆特色纪念品，其设计产品已不再局限于简单的文物或艺术品仿制品，而是以现代审美的方式对文物设计元素进行提炼和再造，以生产出符合当代人看、用或娱乐需求的多元化产品。为了方便市民浏览和购买文物复制品和文创产品，一些机构开设了专门的网络空间，以藏品图像资料为展示和推广媒介，帮助在线用户了解文创产品的来源。

创意群体如影视、动漫、广告和工业设计等在产品开发中对博物馆藏品资源中材料和信息的需求比例不断攀升。在这个群体中，数字处理技术正在逐步取代传统的光学、化学或物理处理方式，从而推动数字电影和数字动漫的蓬勃发展，呈现前所未有的繁荣景象。数字化资源在各行业中均可应用于作品制作，成为制作过程中不可或缺的重要材料。对于那些以博物馆、藏品和相关物品为基础的影片而言，利用博物馆的数字资源信息是必不可少的，这些信息包括图像和三维模型数据。如电影可以博物馆为素材，通过真实再现博物馆的空间环境和展品，利用计算机模拟各种特效场景，以海量展品的三维模型数据和图像数据为基础，展现博物馆丰富的收藏。数字动漫的创作不仅限于电影，它还源源不断地从博物馆的珍藏中提取素材，这些作品不仅展现了历史感和文化感，同时也体现了现代性和娱乐性，并与公众建立了亲密的关系。

（三）加强对外联系

通过多种以数字资源为核心的对外交流方式，并借助社交媒体平台，使博物馆与大众之间建立紧密的联系，实现了即时便捷的互动。

二、数字资源的知识产权保护问题

（一）博物馆知识产权保护现状

数字化遗产是一种共同的文化遗产，其具体形式包括文字、数据库、静态和活动影像、声音和图表、软件和网页等。在明确档案馆和图书馆的前提下，国家应建立必要的法律与体制框架，以确保数字遗产得到清晰的管理与保护，同时博物馆和其他公众机构应主动充当数字遗产的储存场所。博物馆是数字遗产的守护者，与数字资源的生产者和创造者共同推动各研究组织与博物馆之间的交流和共享，这是一项责任和义务。国家应制定相关法律法规，以规范博物馆数字化遗产的管理、利用和保护。

博物馆的知识产权并未明确区分其是否属于数字资源或实体资源，而是在数字资源相关问题上提供了有价值的参考。知识产权，是指人类创造的知识的所有权，包括专利、版权、商标、网络域名和工业设计等五种。

尽管国内已经认识到博物馆知识产权问题的重要性，并着手构建管理体系，但仍需进一步探索和升级，以促进更多博物馆的实践性研究。就当前国内博物馆的实际情况而言，已颁布的知识产权管理法规分散、针对性不强，迫切需要建立一套适应当前情况的知识产权管理体系。随着博物馆文创产品的蓬勃发展，知识产权问题日益凸显，因此，需要得到学术研究和法律法规等方面的支持，以促进博物馆事业的进一步发展。数字博物馆的知识产权保护问题已到了刻不容缓的地步。由于数字博物馆的技术创新和传播渠道的多样性，知识产权侵权行为的发生率较高，因此必须采取充分的措施来保护知识产权。

（二）藏品数字资源知识产权保护的界定

数字博物馆所依赖的馆藏数字资源在知识产权保护中具有至关重要的地位，它主要涉及数字资源的版权保护，也就是著作权的保护。根据数字资源的处理方式和使用方式的差异，藏品数字资源的知识产权保护可以分为以下两种不同的状态。

1. 藏品数字化成果的版权保护

博物馆所珍藏的数字化成果，是通过数字化手段将其转化为数字图像、数字音频/视频和三维模型等数字化资源，并将其保存至今。尽管藏品数字化成果在学术研究、学习交流和大众传播中不会引起版权纠纷，但一旦将其投入商业出版、广告和影视动漫制作等领域，就会带来版权划分方面的挑战。其一，博物馆作为文化遗产数字资源的储存场所，其所产生的藏品数字资源是否具备独立著作权，至今仍存在着争议。被著作权法保护的作品是那些具有独创性，能够在文学、艺术、科学等领域中以一定的实体形式呈现的智力成果。在此处所说的独创性，指的是独立创作的作品本身以及其所表达的某种独特的思想和情感。思想与情感在此所涵盖的范畴包括但不限于思维模式、观念体系、基本原理、客观事实、创新思维、发明创造、发现探索、程序设计、过程执行以及方法应用。根据著作权法规定，创作是一项涉及智力的活动，其直接涉及文学、艺术和科学领域的创作。组织工作、咨询意见和物质条件以及其他辅助工作，均不能被视为创作行为。在博物馆藏品资源数字化的过程中，数字化方法如角度、打光、后期色彩和形态修复等，均展现出博物馆独特的创意，因此，数字化的收藏应被视为受到著作权法的独立保护。

2. 藏品数字化成果被加工或利用而产生的资源的版权保护

此处强调的是对以藏品数字化成果为基础的类别目录、明细、评论、研究成果等的版权保护，这一方面也值得引起关注。对于博物馆所收藏的数字资源进行编目、整理和处理不仅是博物馆自身的职责所在，同时也需要借助外部力量的支持。以众包思想为基础，博物馆应启动网民智慧构建知识库的计划，并邀请馆外专家学者共同参与博物馆藏品编目工作，对其进行整理研究并建立数据库，旨在规定的时间内为大众提供更多数据。对于这些合作成果，需要认真思考如何明确其著作权范围，以确保其合法有效。目前，尚未出现一套明确的规范可供遵循，因此必须进行深入探讨和研究，以确立规范，避免在成果使用过程中出现争议。

三、数字资源的知识产权保护对策

博物馆数字资源的知识产权保护需要从建立完善的知识产权保护机制入手，以确保其有效性和可持续性。我国对于博物馆所拥有的知识产权权益以及这些权益在何种情况下被确认等问题，仍需进行更深入的研究；为确保博物馆的知识产权不受他人侵害，应当采取一系列措施以保障其知识产权的完整性；除了涉及法律问题之外，博物馆还需承担其他职责和任务；这些权利和利益可以被博物馆所运用，以实现其使命和目标。尽管博物馆界已经开始重视知识产权保护问题并采取了版权保护措施，但在这一领域仍存在大量未被填补的空白。我们需要在立法、管理、技术三个方面共同努力，以建立一个全面的保护机制应对这些问题。

（一）立法层面

目前，博物馆在知识产权方面存在争议，缺乏具体的法律法规可供参考，这给其知识产权保护带来了许多不便，同时也给其合法维权带来了困难和障碍。为了保护和管理博物馆的知识产权，必须根据博物馆的发展特点，以其实体和数字资源为切入点，制定博物馆知识产权管理措施，并提供明确的法律依据。

（二）管理层面

为了提升博物馆的知识产权管理水平，必须建立一套完备的知识产权管理体系。对于博物馆数字资源这一领域，我们可以从多个角度对博物馆知识产权管理体系进行深入思考和探讨。

1. 规定数字资源享有的知识产权的内容

数字资源的著作权和商标权等方面应得到明确规定，其中包括对实物藏品究竟是复制还是出现了新的著作权的界定，数字资源的知识产权进行登记和管理，向国家相关部门申报并申请商标注册等。

2. 建立授权使用机制

数字资源在网络环境中的利用存在着易盗用、易复制、易篡改等多种风险，这些风险破坏了传播交流和学术研究等正常有序进行的过程。因此，确立一套完善的授权使用机制是刻不容缓的，这样才能规范其他人的使用流程，有效避免恶意篡改资源的发生。建立分级授权机制时，应根据数字资源的种类、质量和表示对象的级别，采用不同的授权策略，以确保授权的多样性和有效性。随着等级的提高、措施的加强以及使用者所需遵守的条件的增加，使用条件也会相应提高。确立授权使用机制与博物馆公益性、服务性并无冲突，因为授权使用实质上确保了数字资源的准确性、完整性、有效性，从而充分发挥了其价值。

3. 建立知识产权交易平台

以著作权为例，此处将对其进行深入探讨。博物馆的著作权涵盖了复制、发行、展览和信息网络传播等多个方面，当他人需要使用博物馆资源时，博物馆可以通过交易平台与其进行交易，并通过规范的转让协议明确转让权利和时间限制，以更好地保护博物馆的权益。搭建知识产权交易平台还可为国际传播和沟通提供便利，例如实现复制品和网络传播相关资源交换等。

4. 建立监督和维权机制

设立监督与维权机制的主要目的在于对涉及博物馆权益的行为及其相关的违法违规行为进行严格检测，以确保其合法权益得到充分保障。在建立博物馆数字资源使用监管与维权网络的基础上，需要持续不断地进行改进，以确保其能够长期稳定运行。在这一过程中，可以充分利用社会力量，通过组织多种形式的社会监督来促进社会的发展和进步。

5. 保障商标注册

商标在博物馆文创产品的后续发展中扮演着至关重要的角色，它能够为博物馆文创产品的合法认同和形象塑造提供有力支持，从而促进其发展和推广宣传。有时尽管博物馆已经注册了多个商标，但仍有若干商标遭受其他公司的争相抢注，以获取经济效益。鉴于某些企业对博物馆相关商标的使用不仅未能为博物馆作出有益的贡献，反而给博物馆带来了负面影响，损害了博物馆的声誉，因此，有必要对博物馆商标注册进行差异化处理，以确保商标注册工作在政策、法规和实施层面得到充分支持和协助。

（三）技术层面

在技术层面上，借助特定的技术手段，可以实现对某些知识产权的保护。利用身份认证技术、防火墙技术、授权管理技术以及数字水印技术，可以对博物馆的数字资源进行保护和管理。

身份验证技术的首要目标在于从操作者的角度出发确认计算机网络中操作者的身份，以确保数字资源得到合理利用。随着时间的推移，身份认证技术已多种多样。

1. 基于口令的认证

该认证方式属于单一因素认证，其安全性主要依赖于口令，这是当前最为广泛采用的一种技术。在用户注册阶段，系统会生成一个初始口令，然后将用户信息列表存储到自己的数据库中，这个过程需要用户使用用户名 ID 和口令 PW。一旦用户登录认证，系统将上传其用户名和密码至服务器，服务器将查询用户信息数据库，并对上传的认证信息和数据库中保存的用户列表信息进行认证。若经过匹配，所述用户将被视为符合法律规定的用户；若非如此，则不提供任何服务。使用静态口令将永久不变，除非使用者自行更改其形式。该方法存在严重的安全漏洞，一旦口令被泄露，用户将会被冒名顶替。

2. 基于智能卡的认证

智能卡具有强大的硬盘加密能力和高度的安全性。每位用户均持有一张智能卡，用于储存其独特的机密信息，该信息已被储存于验证服务器中。在进行身份认证时，用户只需输入个人身份识别码 PIN，并使用智能卡认证 PIN，即可读取机密信息，并将其与主机进行匹配。采用基于智能卡的认证方式，即 PIN 加智能卡的双因素认证方式，即使遭受盗用，用户仍能保持高度的真实性，避免被冒充。

3. 基于动态口令的认证

动态口令是一种由特殊算法生成的随机数字组合形式，其生成规律不可预测，每种口令仅限一次。目前，动态口令的生成主要依赖于四种不同的终端设备，包括硬件令牌、短信密码、手机令牌以及软件令牌。用户只需拥有一个生成终端即可。在每次进行身份验证的过程中，生成的终端和服务器都会根据相同的密钥、随机参数（包括时间和事件）以及算法来计算动态密码，以确保密码的一致性，并实现对用户身份的验证。由于每一次认证所涉及的随机参数存在差异，因此每次生成的动态口令也会随之产生变化。随着移动互联网的蓬勃发展，动态口令技术已成为身份认证领域中备受青睐的主流技术，其便捷的使用方式和不受平台影响的特点更是为其赢得了广泛认可。

4. 基于生物特征识别技术的认证

以生物特征为基础的身份认证方式是一种基于人类生物特征的技术，在这种情况下，生物特征往往是独一无二的，它具有遗传性或终身不变的特性，可以被度量或自动识别验证。目前，生物特征已被广泛应用，其中包括指纹、虹膜、人脸、掌纹、语音和步态等多种特征。在获取生物特征样本后，生物识别系统会提取其主要特征，并将其转化为数字代码，从而进一步生成特征模板。完成用户身份认证后，系统会提取用户的特征，并将其与数据库中的特征模板进行比较，以判断是否存在相互匹配的情况，从而做出接纳或排斥的判断。

第四章 数字化博物馆的交互式叙事

第一节 数字化博物馆交互式技术

叙事学的进步离不开科技的推动,而数字博物馆之所以得以诞生,正是因为科技的不断进步,才让其叙事得以实现。特别是在 20 世纪 90 年代以后,随着人机交互技术的飞速发展,数字博物馆的展示方法得到了极大的丰富和拓展,彻底颠覆了传统审美体验,成为交互技术的代表之一。下面以数字博物馆的技术保障为切入点,探讨数字博物馆在交互式叙事中的技术应用,旨在为数字博物馆在呈现完整、互动的"故事"时更好地展现其技术魅力提供参考。

一、交互技术的概念

(一) 交互技术的内涵

人机交互技术源自"交互"这一概念,自计算机问世以来,一直备受关注,尤其是计算机和互联网所带来的互动。交互技术,作为一种计算机手段,旨在促进人类与环境之间的互动与交流,从而实现人类与环境之间的互动。我们所探讨的交互技术与"交互性"概念之间呈现出一种相互参照的关联。一些交互技术研究者强调了用户的积极参与,认为他们通过对叙事过程的"操控"和"选择"直接施加影响。交互技术的核心精髓在于鼓励用户积极参与,而交互式叙事环境则是最主要的因素,而叙事作品能否提供身临其境的叙事环境则是决定用户是否能够积极参与叙事创作进程的关键要素。随着交互技术的不断发展,人类与环境之间的互动方式变得更加多样化,从而使得人类与环境之间的互动变得更加自然和谐。因此,这里我们将交互技术归为计算机领域之外的范畴,其关注点已不再其实用性和易用性,而是更加强调人类之间的双向互动和人性化。

(二) 交互技术的特征

随着时代的发展,交互技术也在不断地向人类靠拢。过去,为了满足计算机对界面的要求，人们必须对界面进行操作。而如今，交互技术正在向智能化、人性化方向发展，它不仅能够主动识别人体手势、面部表情和语言指令等自然行为，还能够满足人们的审美和认知需求。在数字虚拟空间中，人们可以以最自然的方式与展品或对象进行交互，从而实现更加具有普遍适用性的交互模式。总之，交互技术的特点集中体现在以下几个方面。

1. 以用户为中心

相较于以往强调以计算机为核心的交互技术，新交互技术最为显著的特点在于其以用户为中心，其核心在于强化用户的主体性和参与性。人类的运动、行为、习惯和喜好等交互信息是技术发展与应用的主要起点，这种自然的交互行为不仅减少了人们在执行交互操作时的费力，更实现了人们在面对交互设备时的高度自然和从容；除了在交互技术设计和设备应用方面体现面向用户外，数字博物馆的发展和应用也满足了人们新的交流和审美需求。虚拟现实等交互技术的运用已经超越了实体展示对受众思想的限制，使得藏品在虚拟数字展品空间中不再是单纯地传达信息，而是能够激发和带动受众的想象力和审美力。当受众感知藏品自身信息时，他们也可以根据藏品提供的信息有选择地重新诠释作品，这种思考的延伸，成就了另一层艺术美学。

2. 多模态交互

人的感官信息与周围人及环境相互作用，从而形成一条相应的感官通路。就像在计算机系统中，键盘和鼠标相互对应，从而实现了人类手势识别、计算机视觉等多种动作；人类视觉、听觉和其他系统与三维影像识别器相互对应，共同构成了一个复杂的系统。因此，多模态交互是通过充分利用人体多感官通道，实现两个或多个模态之间的协同作用，以达到人类交互意图的一种高级方式。在当今交互技术的发展中，多模态交互已成为一项重要的特征，它极大地拓展了交互方式的实现可能性，使得人与物之间的交流更加畅通无阻，同时也增强了交互技术的自然性。

3. 交互隐匿性

交互技术已经逐渐适应人类行为和感知模式的不断发展，而未来交互技术的最理想状态是交互操作和装置的"消失"，人们可以在自己所处的环境中以最自然的方式无意识地获得交互服务。传统的交互技术用指令或设备限制了用户的下一步操作和访问。相比之下，新的交互技术为用户提供了主动而自然的启动交互过程的支持，不再需要为特定的交互操作分心，从而实现了更加高效的交互。通过人脸检测、跟踪和识别等交互技术，用户的视线自然而然地聚焦于所关注的对象，从而自动识别出需要的咨询并进行匹配；通过交互技术，例如人机口语对话，人们可以以自然的方式与所处的空间进行语音识别、信息交流等互动。

（三）交互技术的现实意义

1. 提升了技术的艺术魅力

当前，交互技术已经超越了传统的计算机领域，成为数字艺术创作领域中各种数字载体的热门应用，深刻地影响了艺术创作者在数字艺术创作领域中进行思维活动和技术操作的过程。随着数字交互艺术的不断发展，交互式小说、交互式戏剧、交互式电影以及交互装置等一系列新兴技术应运而生。在这个背景下，艺术家们以全新的技术媒介为依托，通过思辨和探究，将其审美想象付诸自己的作品。数字时代的艺术家们将其设计工具换成了计算机或相关数字应用；采用虚拟数据等交互技术，创造出与传统物质载体截然不同的展示空间，即使场景画面不真实存在，也能让人身临其境，深刻感受其中的内涵。数字博物馆的交互技术核心在于注重双向互动和人性化，例如，虚拟现实技术创造了一个充满活力和真实感的多维虚拟空间，让观众可以直接进入并与其互动，从而带来虚拟技术美学。因此，交互技术不仅仅是一种技术手段，它还可以直接应用于各大领域中，对技术和艺术进行重塑，探讨人与社会之间的关系问题。

2. 增强了人的体验形式

在数字博物馆的宣传展示中，随着新型交互技术的推动，多样化的展示手段得到了广泛应用，这种全新的技术形式正在深刻地改变人类的体验方式。数字博物馆的交互技术已经从简单的语言命令导航器进化为图形用户界面交互技术，并进一步发展为数字化实体博物馆，强调以主体性为核心进行自然协调的情感互动。数字博物馆不仅能够将实体藏品转化为数字作品，让观众沉浸其中，从多个角度感受数字收藏的神奇，同时通过网络和手机等信息渠道，实现文物的"零距离"体验，让人们不再受限于实体藏品和时空，随时随地与文物进行互动和信息传递。在数字化博物馆的时代，游客可以通过语音、动作、表情、体感和3D立体影像等多种交互方式，全面沉浸于数字博物馆的建设之中，感受到多重感官体验，从而刺激他们的听觉、视觉和知觉多重感官体验，成为他们的主体。凭借其卓越的交互技术，数字博物馆为参观者提供了一种前所未有的文化景观，其中人—物、物—物多重互动，让他们在交流互动中领略到博物馆所带来的智慧。

二、数字博物馆的关键交互技术应用

（一）数字、虚拟等影像交互

影像交互技术的初衷在于将影像技术与交互技术完美融合，以创造出更加真实、更加广阔的视觉体验,从而让受众感受到前所未有的震撼。随着时代的发展,人们越来越倾向于以图像这种视觉形式来认知和诠释世界,这种趋势对主体意识形态和认知方式产生了深远的影响。随着虚拟现实技术、增强现实技术以及其他新兴影像技术的不断发展,观众在欣赏艺术作品和表演活动时,不仅能够获得全新的视角,还能够身临其境地感受到博物馆现场的氛围;当佩戴 3D 立体影像交互技术显示器时,观众可以在另一个虚拟空间中实时感知数字博物馆,这些虚拟现实体验技术不仅提升了视觉体验,还扩展了对世界的全新认知。

1. 虚拟现实技术(Virtual Reality,VR)

虚拟现实技术作为计算机信息科学的前沿领域之一,以计算机技术视频为基础,通过模拟真实的虚拟环境,将用户带入一个栩栩如生、形象逼真的感官世界,从而获得与真实世界同样真实的感受。在这个虚拟的环境中,观众可以沉浸在立体的视觉和音效之中,感受到身临其境的奇妙体验。在全球范围内,VR 技术已成为发达国家广泛关注的焦点,特别是在航空航天和军事领域的成功应用方面表现得尤为突出。在数字博物馆中,虚拟现实技术的应用弥补了传统博物馆展示时的限制,使得观众不再需要依赖实体空间才能欣赏和感受,而是可以通过佩戴 VR 设备作为体验窗口,让观众完全沉浸在虚拟环境中,获得深刻的体验。

2. 增强现实技术(Augmented Reality,简称 AR)

近年来,AR 已成为多个领域的研究热点,其中包括医学、体育等方向。与 VR 技术不同,它仅仅是增强了人们对现实世界的感知和互动能力,而并未替代现实环境的作用。数字博物馆应用中,运用实时技术计算摄影机影像的位置和角度,并将其与对应影像相结合,以实现真实世界与虚拟世界的无缝衔接,从而创造出超越真实感受的视觉体验。在数字博物馆的虚拟设计和观众参观中,随着增强现实技术的不断应用,展品与虚拟设计之间的互动方式得到了全新的增强,从而带来了全新的感受。

3. 3D 全息投影技术

在当今计算机技术高速发展的时代,越来越多的人渴望拥有更加逼真、震撼的视觉体验,而 3D 全息投影技术则是满足数字博物馆沉浸式三维空间体验需求的有力工具之一。3D 全息投影技术以干涉和衍射原理为基础,实现了对物体真实三维图像的再现,从而呈现出虚拟互动人物的视觉效果。在数字博物馆的展览现场,观众可以通过参与全息展示玻璃等设备,直接与展品互动,感受到一种独特的视觉震撼体验。

(二）智能感知交互

在移动互联网时代，随着数字博物馆智能交互手段的日益普及，人机交互方式变得更加高效和便捷，通过启发式展览设施，观众可以获得更加丰富的参观体验。数字博物馆中的智能交互源于当前智能化时代下的一种潮流，因为智能化时代的目标是满足人们内心最真实的渴望。智慧博物馆这一全新概念的独特之处在于其拥有一种能够在任何时间、任何地点感知、测量和传递信息的装置，从而实现人类社会和物理世界的高度融合。数字博物馆的智能感知交互需要考虑到受众的物理、生理和心理等多方面因素，以最大化展品和观众之间的"交互"意义。

1. 语音交互

在博物馆提升沟通战略的过程中，语音交互作为最基础的技术之一，扮演着不可或缺的角色。在触摸式屏幕上，当观众发出声音时，该装置会立即识别并作出反应，以取代传统的按键输入和语音命令；数字语音导览设备不仅提供了多重语言和多种讲解手段，更是一种方便的语言导览工具，能够最大限度地满足不同语言和阶层游客的需求，使他们能够根据自己的兴趣选择参观路线和展品。目前，语音交互技术正在与方位辨识技术和可穿戴式装备相融合，同时，全新的数字导览设备也在被广泛应用。

2. 触知觉交互

触知觉交互技术是一种涵盖计算机、机械、心理学和认知学等多个领域的交叉技术，它为我们提供了一种全新的认知体验。人类的感知系统包括视觉、听觉、味觉、嗅觉和触觉等五个方面，这些系统共同构成了人体的感官特征。因此，数字博物馆的设计越来越注重满足人类多样化的感官需求，以此为出发点，针对不同的感官接受特点展开设计思路。此处以触觉交互技术为例展开阐述。在对虚拟物体进行触摸、按压或牵扯的操作中，人们不仅能够观察到其真实的变形情况，还能够感受到其真实的触感，进而感知其力学和物理属性。由于文物保护和其他因素的限制，观众一直以来都未能与展品亲密接触。近年来，随着触知觉交互技术的不断完善，多点触控台、互动墙等装置已经成为一种有效的手段，可以让观众在虚拟体验真实展品的同时，实现对文物的保护。

3. 体感交互

随着时间的推移，体感交互技术逐渐适应人类身体特征的不断变化，该趋势逐步扩展至各个领域和国家。具体而言，体感交互是一种无需借助任何复杂的控制设备，即可让人通过简单的手势或身体动作与相应的内容进行互动的方式。目前，智能电视、计算机和游戏等领域广泛应用，为人类生活带来了智能化的视野和体验。在数字博物馆的发展领域中，借助内嵌体感交互技术，人体得到了完全的解放，人们可以通过简单的手势和身体摆动来沉浸其中，与展品完全互动，从而为观众带来了全新的屏幕互动体验。

以数字博物馆中交互式叙事技术的应用为切入点，我们将重点探讨数字虚拟影像交互技术和智能交互技术的运用原则和概况，为数字博物馆交互式叙事技术的发展开启新的道路。博物馆的交互式叙事环境为游客提供了极大的娱乐和教育机会，而交互技术则具有巨大的发展潜力，因为它决定了叙事内容、形式和艺术的全新特点。数字博物馆的具体陈列中使用的全部技术手段并未被本节所列的交互技术全部涵盖，还有更多的新领域和新技术等待着开发和运用，博物馆交互式故事的讲述也亟待这些技术的辅助与保障。

第二节　数字化博物馆的交互式叙事系统

数字博物馆的交互式叙事已经不再是简单地将文本、影像和声音等叙事元素融合在一起，而是为广大使用者提供了一种可交互参与的空间。在这种深度沉浸式的交互空间中，叙事主体已经不再是固定不变的创作者，而是一个共同协作的团体，使用者可以积极参与到叙事作品的意义和价值重建中来。与此同时，数字博物馆交互式叙事载体正在朝着"移动化"和"社交化"的方向发展，人机界面叙事载体这一传统观念已经被完全颠覆。为此，我们对数字博物馆的交互式叙事系统进行了一系列案例研究和总结，旨在为其他博物馆的数字化建设提供有益的参考和借鉴。

一、叙事形态

数字博物馆的新型交互式叙事体系，是通过运用各种交互技术和全新的技术手段所创造出的一种独特的叙事方式。数字博物馆的交互式叙事形态已经不再局限于单一强调叙事文本、影像和声音等要素的结合，而是更加注重虚拟现实数字环境装置所带来的体验叙事和强调用户交互行为参与的叙事，这也是现代数字博物馆交互式叙事形态中最为重要的组成部分。

（一）体验叙事

未来的经济将以体验经济为主导，从而使得生产者成为生产过程中的体验者，这一点毋庸置疑。这里我们探讨的数字博物馆体验叙事，指的是在数字展品中，运用声音、光线、电子等多种交互技术,为使用者创造出一个优美的虚拟现实展示空间,这种交互式叙事通常生成于使用者与其所处情境之间,为使用者带来身体接触、感官融合和情感卷入等多方面的综合交互式叙事体验。针对数字博物馆的应用场景,我们可以将其划分为以下几种叙事类型,以便更好地为用户提供身临其境的体验。

1. 虚拟时空的沉浸体验

数字博物馆最为普遍的参观方式之一,是提供沉浸式的虚拟时空沉浸体验,特别是随着虚拟现实技术(VR)的广泛应用,博物馆参观体验的优化也变得越来越重要。在虚拟环境中,展品可以被多角度观察,从而呈现出更加生动、真实的虚拟现实感受。当虚拟时空邀游引起人们的关注时,通常不需要进行更为复杂的动作操作,观众会感受到身体自然地融入计算机产生的叙事空间中。在数字化博物馆中,VR故事叙事的应用为21世纪博物馆的重新定义带来了积极的影响。通过形塑虚拟逼真空间,数字博物馆实现了一场前所未有的感官之旅,让使用者可以回溯过去、畅游未来。

2. 空间的人性化体验

多年来,数字博物馆致力于构建一种全新的人与空间的交互方式,而在这个充满互动体验的时代,人性化一直是数字博物馆发展的核心所在。在传统数字博物馆中,人们通常使用鼠标或屏幕等媒介来筛选和选择用户界面中的信息,而随着多点触摸和体感控制、语音识别以及其他更加自然友好的交互技术的不断发展,人们可以享受到更加便捷和高效的空间感受,同时与藏品信息的交互通道也变得越来越实时和快速。在一些现今的数字博物馆中,观众只要戴上3D眼镜,握住控制器,就能进入博物馆360度三维展示空间中,观众不仅可以"观看"身边藏品,而且每一张展示的图片都含有情感、表情、物质性等诸多特征;观众也可以在平板电脑屏幕上进行"触摸"操作,并发出相应的指令;视觉、听觉和知觉的多个要素相互融合,形成了一种协同增强的综合状态。博物馆设计师旨在构建一种框架,通过创造无限流动的数据展示空间,以加强人们对事物的高度认知,并将"用户交互"作为人与物之间的核心。数字博物馆的交互式叙事体验注重用户与藏品之间的多维度互动,通过这种互动行为实现全方位的身临其境。

(二)参与叙事

数字博物馆交互式叙事的最终目标在于提升用户参与度,这是其贯穿始终的核心目标。研究表明,单纯追求沉浸感的增强并不能保证参与感的提高。美国惠特尼艺术博物馆的馆长克里斯蒂安妮·保罗在其专著《数字艺术》中指出,数字艺术已经超越了通过简单的点击行为观看对应的界面中的艺术作品,而是将由艺术家或观众共同完成该作品的创作。方法为在艺术家所构建的环境和框架下让观众进行互动,或者让他们完全自主地设定相关参数。因此,参与数字博物馆的叙事过程是一种通过局部协作或积极参与的动作来感受叙事进程并产生比感知更深层次的感受和体验的方式。针对不同的参与方式和界面类型,这里我们将重点探讨实体空间和移动终端在叙事中的作用,这是两个不同层次的话题。

1. 实体空间的参与因子

数字博物馆在实体空间应用方面呈现出多元化和趣味性的展示方式,其中一个显著的转变是注重用户的主动地位,通过激发用户的积极参与,直接或间接地融入数字博物馆的展示叙事之中。2012 年,荷兰国立博物馆推出了 Rijksstudio 典藏展项目,旨在鼓励用户自主创建典藏展,通过该计划,用户可以轻松地探索荷兰国立博物馆内的所有影像,由博物馆提供保存和下载服务,同时还支持用户自由发挥聪明才智重新制作这些影像,并最终与博物馆平台共享。越来越多的人被这个项目所吸引,他们自愿分享自己的再创作品,展现出了对这个项目的浓厚兴趣。这个项目就是一个专门为用户提供创意和灵感的空间,它可以是一个独立于任何一个网站或者是个人网站之外的地方,也可以是一个独立的网络社区。据悉,其平台数量高达 20 万个,每个平台都拥有独特的个性化服务。每年,国立博物馆的主创人员都会进行一项评选活动,以选出一位杰出的艺术家来获得 Rijksstudio 奖,而前十位获奖者也有机会将他们的杰作展示在博物馆中,这是除了每个人都能拥有自己的"博物馆"之外的另一项重要成就;为了更好地结合博物馆展示和教育,该馆开发了多款 App 应用,其中一款以定位系统和照相学习为主,用户只需拿出手机进行定位,博物馆就会根据地理位置将身边的艺术品信息发送给用户,并将其传送至手机屏幕,用户只需挑选心仪的艺术品,使用录音设备记录下欣赏这件艺术作品的感悟。同时,使用本应用程序的其他用户也将获得聆听该记录的机会,由用户以观察所感为基础,与博物馆共同构建艺术品欣赏的完整过程。

2. 手机游戏的娱乐性

未来博物馆的参观和展示将受到游戏元素导入、机制和形式游戏化学习环境的更大影响。数字博物馆的叙事形式强调增加游戏的娱乐性,符合人类追求新奇和好奇心的本能,同时融合各种矛盾冲突的叙事形式,让用户以"玩家"的身份积极参与到虚拟角色的探索中,从而在游戏过程中获得自我情感的升华,这种体验超越了感官沉浸式的体验,在精神层面达到了更高的"巅峰体验"。

随着数字博物馆的不断发展，越来越多的交互式艺术家开始将游戏元素有机地融入到交互式应用中，这种趋势日益明显。索布拉尔在其文章中指出，为了赋予叙事更强的交互性，必须采用具有弹性的叙事流，以便用户能够对故事产生积极的影响。因此，在数字博物馆手机游戏的设计中，交互设计师通常会通过对某个情节或整个故事的叙事结构进行设计，以促使使用者在自我选择的基础上深入探究故事情节的发展，并对叙事的节奏、次序和环节进行必要的调整。在互动过程中，若以某一框架为指导前提，则可获得更为强烈的互动体验。因此，在数字博物馆中，手机游戏通常被运用于实现交互式叙事，例如角色扮演和寻宝探秘等。在数字博物馆设计游戏中，角色扮演是一种广泛应用的类型，其场景和叙事主题都以设计者为中心，玩家可以通过预设的角色来实现，并通过一系列规则（如通关解码、寻宝等）来满足设定角色的愿望。用户在数字博物馆中扮演着文化创造的积极角色，他们的主动性为文化内容的更好产出提供了有力支持。在情节设定中，将展品转化为珍宝，以便"玩家"能够通过提供的线索发现展品，从而激发他们的好奇心和探索欲望。游戏的各个环节都经历了变化，因此需要根据不同的客体选择相应的叙事内容，以便于构建游戏的叙事路径。根据研究结果，游戏作为一种学习方式，能够激发观众对于展品的观赏热情和兴趣。

二、叙事主体

数字博物馆的信息交互方式为交互式叙事提供了一种全新的平台，这也导致了创作者和参观者之间的互动关系发生了翻天覆地的变化。数字博物馆的交互式叙事采用交互技术，为参观者提供了一个与传统叙事主体不同的空间环境，使他们也能够参与互动。在这个虚拟空间中，数字博物馆中的叙事主体扮演着一个不断流动的角色，而参观者则成为创作叙事作品的积极参与者，因此我们需要重新审视数字博物馆中叙事主体的作用和地位。

（一）艺术品：叙事的再造和重构

交互式叙事作品的完整意义在于其由叙事作品、叙事者和参观者三个元素构成的复杂关系链，这些元素之间相互交织、相互影响，形成了一个完整的循环互动网络。在交互式的叙事过程中，艺术品的概念经历了一次巨大的演变。先锋派艺术家白南淮在《艺术与卫星》中就预言到"艺术作品在无限联接性的计算机社会中，已不再是固定不变的，它所带来的是各种文化超边界上的融合与再创造"。在整个过程中，交互式叙事以艺术品为本体来源，经历了再造和重建的过程。

1. 就艺术品的形式和内容而言

传统的叙事作品——博物馆文物，其形式和内容通常保持不变。然而，通过运用交互技术，将实体文物转化为多种信息流数据藏品，并将其保存在数字博物馆交互展陈项目中，实际上是一种多变的数据流。在《新媒体的语言》一书中，新媒体艺术家列夫·曼洛维奇指出，数字博物馆数字展品中的艺术品已经不再是一个静态的展品，而是一个充满变化和多样性的形象，文字、声音和其他多重叙事元素被重新排列和组合在一起，形成了一种全新的交互叙事作品。游客以多种方式参与和器物的交互，从而全面改变了艺术品叙事的形态。

2. 就艺术品的叙事过程而言

那些充满活力的艺术品在与观众互动的过程中，不断涌现出流动和变化的元素。在过去，文物游览的过程通常是单向线性的，从受众进入馆内直至游览终点。但现在，随着观众的介入和参与，艺术品的交互叙事过程得到了完整的呈现。在数字博物馆交互式项目体验的过程中，观众积极参与其中包括互动游戏、人物冲突、情节发展以及其他叙事要素。由于每个人的智力、情感和判断都是独特的，因此每个人都会进行自我选择，并与设定的情节发生碰撞和冲突。这些碰撞和冲突的结果直接构成了艺术品交互式叙事内容的一部分。游客可以通过对艺术品的叙事内容进行自我筛选、调整，甚至创造属于自己的作品，从而通过全方位的互动行为来重建艺术品建构的意义沟通。

（二）叙事者：主体性的隐匿和虚拟

那些通过特定形式呈现的叙述者在一定意义上是叙事的主体，他们是艺术作品中不可或缺的一部分。提及数字博物馆的互动叙述者，通常指的是其交互设计师这一身份。比尔·莫格里奇最初将交互设计视为一门独立学科，旨在通过运用交互技术研究用户和产品之间的互动行为提高用户的体验度。自20世纪70年代以来，博物馆的幕后设计师们一直在探索与用户互动的可能性，而近年来，越来越多的交互设计师开始注重与用户互动。在此背景下，随着时间的推移，"艺术家"在主体性叙事者的角色上逐渐失去了其昔日的重要性。

在进入数字博物馆时，观众首先接触到的并非艺术品本身，而是隐藏在墙壁后面的计算机系统，如3D投影大屏幕和交互式软件等，这些科技提供的各种屏幕功能被称为"开启叙事世界的中介窗"，叙事者在这里无需与观众直接交流，而是成为艺术品交互程序的开发与编程者。在克利夫兰美术馆这座以观众为中心的知名美术馆中，交互设计师设计了一个交互式项目,即将展品置于馆内,通过扫描屏幕将其呈现在画面中,以此体现观众至上的理念。当观众摆出与展品相似的姿态时,体感运算将根据其姿态的相似度来判断两幅画面的一致性。在此,艺术品和受众之间的互动并非由艺术家所主导,而是隐藏在互动程序的背后,通过交互式屏幕系统识别受众的姿态,并对其行为进行深入分析,以促进展品和观众之间的互动。

在数字博物馆中,交互式叙事与传统叙事有所不同,它更加强调用户的主动性和参与性,因此叙事主体呈现出多元化的特征。在数字时代的冲击下,马克·波斯特毫不掩饰地表达了自己的观点:数字化电子书写的威力在于它能够让人们轻松自如地书写,在此形态下,文本呈现出多重作者的特性,这是一种不可避免的现象。在数字博物馆的交互式叙事中,参观者可以通过手势、身体和面部表情等多种交互方式与艺术品进行互动,然而,一旦这种互动行为消失,艺术品的展出效果也无法全面呈现。当叙事者的主体性被削弱时,参观者只有在一个交互式的叙事环境中作出回应,才能成功地完成整个艺术品的完整叙述。

(三)参观者:间性主体的沉浸和互动

对于博物馆的完整叙事,必须同时考虑到叙述者和参观者这两个重要的客观因素。数字博物馆的交互式叙事打破了单向传输的稳定状态,使得参观者成为了使用者,与叙事主体的边界逐渐模糊,甚至相互融合,参观者已经不再是被动的游览身份,而是拥有了更大的主导权和参与权。

马克·斯蒂芬·麦德阐述了交互式叙事中受众的至关重要性,并指出交互式叙事艺术不同于传统叙事,因为受众是一种被告知的状态,通过计算机提供的用户界面或虚拟仿真环境装置与作品产生联系,从而直接而全面地介入作品叙事,对叙事情节产生影响或改变。在传统博物馆的参观区域,我们经常可以看到"仅供观赏,请勿接触"这样的提示牌。然而,在现代数字博物馆的展览空间中,却会竖立着"请您触碰"的告示牌。再如,在克利夫兰博物馆的互动设计中,采用图像抓取技术,观众可以与屏幕上的图像进行互动,通过实时脸部扫描识别每一位观众的鬼脸图像,并将其保存至数据库中,利用文物库进行收藏,与同类艺术品进行实时搭配,最终将搭配结果分享到各自的社交媒体中,为观众提供全方位的支持。通过输入受众的"鬼脸头像",并与文物进行交互匹配,完整的叙事过程得以实现,从而达到叙事的完整性。如果没有用户的交互行为,这种交互式艺术作品将无法存在。

三、叙事载体

在数字博物馆中，交互式的叙事媒介是由各种元素构成的，这些元素可以与玩家进行互动。随着移动互联和其他技术的广泛应用，特别是移动终端如手机和平板电脑的普及，博物馆可以通过移动终端实现"移动"互动叙述，让用户瞬间体验"口袋博物馆"，并通过社交媒体和其他工具激励用户分享和探讨，以触及更多受众群体并获得更深层次的博物馆体验。

（一）交互界面的"空间"叙事

随着数字博物馆交互式叙事的不断发展，交互界面已成为人类与展品交流的重要通道和方式，呈现出极具表现力的场所特征。为了促进参观者与展品之间的互动，可设计一种交互式的界面和环境，以满足他们的需求。在博物馆原有的界面设计中，仅限于计算机键盘、鼠标和图形字符显示屏幕，游客只能使用简单的字符、图形和图像作为键控命令进行操作，从而获得仅限于二维交互的体验；借助虚拟现实技术、三维立体图像展示以及其他可视化交互技术的支持，数字藏品得以在各种交互界面上实现文字、图像和声音等多种立体交互空间，从而实现了数字藏品的动态三维展示。数字博物馆作为人类活动区，在叙事空间中日益凸显其交互界面形式、展品放置方式以及人与展品之间的互动方式，从而实现了多重线索的空间体验。

建筑学家柯布西耶早已提出，只有"经过"和"游历"，才能获得对建筑物更深层次的体验。在数字博物馆这个叙事场所中，参观者不仅可以接收交互界面所提供的展品信息，还可以通过界面操作创建和转化相关展品图像或影像，并在界面的帮助下执行展品反馈。自数字博物馆迎来观众的那一刻起，其内部展品与景观融为一体，通过各种交互界面和展品进行互动交流，从而构建了一个叙事性故事空间，深刻地影响和感染着参观者。在上海科技馆地壳探秘展区，交互式界面的充分利用和叙事空间的丰富构建，为观众呈现了一个典型的范例。在探索地壳的展示区，融合了模拟场景、互动展示和多媒体手段，呈现出地球作为一个动态的构造体的形象。当观众进入展区后，他们可以透过声音控制和其他交互界面，欣赏到一系列仿真场景，其中包括火山爆发和模拟地震等；在模拟时空隧道内，观众可以乘坐"时光机器"来往于展区底层，而这条隧道内的两侧则配备了可触摸的显示屏，只需轻点屏幕，即可实时查看地壳剖面图像；内置式风效控制器能够自动感知时光机器的升速，让观者感受到一种急速下降的奇妙体验。这样的交互设备和界面能与受众互动，营造出一种虚拟真实的空间场景体验，烘托出令人惊叹的"地壳探秘体验"。

(二) 移动终端的"位置"叙事

相关调查表明，现今博物馆的参观方式普遍采用电子设备，以获取更丰富的参观体验。在此基础上，越来越多的博物馆开始主动研发手机应用程序，以帮助游客获得即时的身临其境的体验。用户只需在手机或平板电脑上使用一个屏幕，即可实现多屏瞬时移动，并获得身临其境的感受。

应该留意的是，数字博物馆更倾向于将移动终端与地理信息系统（GPS）相融合，以用户地理位置运动为基础，生成相关信息的互动行为。一方面，它不仅提供博物馆馆藏推送服务，还为用户提供了在线浏览博物馆引进的在线藏品资源的便利；另一方面，鼓励用户将周遭发生的故事、文字、图片、视频等信息融合，并通过移动端发送，以实现个性化的个人参观体验。美国自然历史博物馆已研发出一款基于GPS个性化定位系统的应用程序，该App可让用户实时获取他们的地理位置信息，并快速推送相关展览路线，以指导他们的下一步参观计划；该应用还提供线上展览功能，将博物馆内的展区所展示的陈列物品呈现给用户可以通过App预约所需的参观路线，实现个性化订阅；费俊艺术家领导的团队设计了一个名为"城市博物馆"的项目，利用全球定位系统和手机内置的照相机功能，捕捉交互式影像作品。用户可以根据所处地理位置，开启手机摄像机，增强现实技术将自动再现历史人物到手机屏幕上。此外，该项目还支持社交媒体和其他工具上共享呈现的影像，以完成对历史记忆中地点的叙述。在博物馆的传播活动中，沙里特斯等学者提出了一种基于地理位置等信息的移动应用，该应用实现了虚拟空间和实体空间的完美融合，从而达到了无缝衔接的效果。

(三) 社交媒体的"共享"叙事

近年来，数字博物馆越来越倾向于采用社交媒体这种互动交流方式，通过分享数字博物馆的所见所闻，促进人们之间的互动体验。随着社交媒体的兴起，用户不再局限于实体博物馆，而是可以通过在互联网上发布视频了解相关资讯，使用社交媒体分享个人的访问感受，并与自己的朋友圈进行互动探讨，博物馆已不再是高不可攀的艺术殿堂，而是成为了权威性融合亲民性的互动娱乐平台。博物馆在与社交媒体互动的过程中，采用了两种主要的叙事方式。

1. 日常性互动

包括分享照片、录像和互相发表评论等。克利夫兰美术馆开发了一款名为ArtLens的App，该App采用了三角定位系统，搭配简明易懂的地图和小型图示，使用户能够轻松了解博物馆中的地理位置，同时还能随意浏览展览空间内的文物和参观线路，并将自己感兴趣的文物照片存储在手机中。用户可以通过 Twitter 等社交媒体账号，将自己的个性化路线和钟爱的藏品分享给身边的朋友，实现互动与交流。

2. 打造"市民策展人"

将广大用户打造成具有公众影响力的策展者，为用户提供更加广阔的互动空间。以"博物馆曝光"为例，博物馆 140 计划精心策划了一系列摄影作品，其中最吸引人的地方在于主办者邀请本馆人员和当日参观本馆的观众在网络相簿 Flicker 平台上上传各自在博物馆内拍摄的照片。借助大众的积极性，将其摄影作品广泛传播，以激发大众的热情和兴趣。

尽管存在一些学者对"公众策展人"的专业水平提出质疑，比如美国大都会艺术博物馆就主张策展人应是最具权威性的艺术专家，而社交媒体并不能确保每一位策展人都具备这样的资质。然而，数字博物馆在社交媒体的协助下，与用户进行互动，仍然存在相当大的可能性。

在数字博物馆的交互式叙事创作实践中，数字博物馆已经从技术互动向现实层面转变，这种转变不仅仅是叙事者的个人展示，而是参观者化身用户和叙事者共同努力，在整个叙事过程中完成双重身份的展示。数字博物馆所创造的"远古时代与未来时空"中，交互性叙事注重用户体验与参与，为用户提供了自由进出的通道，让现代人能够回归本真，探索世界生活轨迹等；移动设备和社交工具的广泛应用已经悄然改变了人们参观数字博物馆的方式和体验，而交互式叙事则以科技为支撑，旨在满足人们的意识和情感需求，因为人才是所有叙事原则和艺术创作规律的基石。

第三节　数字化博物馆的交互式叙事体验

哲学大师卡西尔早在 20 世纪初就指出了"人的生活世界是人为自己创造的理想而可能的世界"。作为一种具有自我认知和复杂性的生物，人类的生存方式以人类为中心，这决定了其生理、感觉器官和知觉经验在实践活动中的基础地位和重要作用；在传播学的范式下，人类的所有行为都始于认知，通过身体的测量、感官的触摸和思维的感受，经历了生理、心理和感知等多个复杂的过程，最终形成了人类认知的机制。认知传播学以研究人类主体地位为起点，将认知视为知识建构的孵化器，特别是在媒介技术引发的社会环境变化的背景下，相关理论研究具有重要的研究价值。随着交互技术的不断进步，数字博物馆为人类主体提供了无与伦比的交互式叙事体验,万花筒世界中的技术建构将人们的注意力集中在人类主体性的地位上,通过对人类主体所获得的交互式叙事体验进行分析,并引入认知传播学中的相关理论对人类认知结构进行范式研究,这将有助于我们更深入地理解人类认知行为和信息加工机制,同时也体现了深刻的人文关怀。

一、人的认知机制

施拉姆,传播学的先驱者,将受众对信息加工的心理机制比作一个"黑匣子",其中人脑作为人的思维中枢,经历了从接触信息到思考接受信息的复杂构造,高速运转于脑内,以获取新事物的经验。此处我们所探讨的议题在于,是否存在一套可供遵循的程序,以应对这一错综复杂的过程。"认知传播"的研究已经超越了"人"对于信息的认知感知范围,而是聚焦于将信息转化为知识的实质性探索。数字博物馆建设的终极目标在于为参观者提供个性化的博物馆展品知识,同时促进博物馆历史文化和教育的广泛传播。在这个时代的背景下,我们必须更深入地了解受众的认知心理模式,以更好地满足他们的期望和需求。

根据人类学习记忆的过程,我国学者莫永华以 OSI 七层参考模型物理层观点和认知心理学为基础,构建了一套完整的认知心理分层传播模式,包括感觉层、知觉层、记忆层、知识表征层和思维层五个层次。尝试从认知形式选择、认知参与互动和认知传播思维三个层面重新概括人类认知传播的分层模式。

(一)认知选择:感知觉

1. 感知觉

作为身体最基础的感觉系统,人的感受涵盖了听觉、视觉、嗅觉和味觉,而这种直接感受形式在身体表面与新事物接触时表现出来,正是我们获得最初印象的基础,而知觉则是人类各感觉器官共同作用的综合反映,是感觉升华的经验。

鲁道夫·阿恩海姆以格式塔心理学系统为基础,将其应用于视觉艺术领域,强调感官功能体验的整体综合,然而,其在心理学和认知层面上的深层关系,仍值得我们借鉴和反思。据阿恩海姆所言,一件艺术品必须呈现出一种整体性的形象,以彰显其对世界的影响。格式塔心理学奠定了这一观点的基础,即接受者对作品外在形态的认知并非无序混乱,而是具有系统性和有序性。当我们接触某件艺术品时,我们首先会聚焦于其整体形象,接着则会聚焦于其局部细节。

随着科技的不断进步,融合视听阅读和写作的多种信息互动方式已经成为信息加工中不可或缺的重要表现形式。在数字博物馆的实际应用中，人们与文化展品互动的方式多种多样，包括但不限于感官、大脑、肢体等，然而，仅仅关注身体的某一部分显然是不够的。就像数字博物馆最初采用的语音导览器仅能满足听觉系统的需求一样，再加上外部旅游环境的嘈杂和限制，语音导览方式单一，纯语音导览器也迅速退出了历史舞台。因此，数字博物馆为游客提供了一种独特的感官体验方式，通过深入了解人体对外部刺激的各种特性，从而开启了嗅觉、视觉、听觉和其他多重通道，以满足各种感官需求。

2. 选择性注意

根据认知心理学家的观点，"注意"不仅仅是信息的加工过程，而且当我们处于大量待加工信息的包围之中时，注意力的过滤和选择作用变得至关重要，这是因为人体对信息的加工能力有限。这里探讨了一个备受瞩目的议题，即如何有效地进行注意力的筛选。在认知行为的实施过程中，受众的选择性行为是构成关注核心要素的重要组成部分。在吸收新知识的过程中，我们倾向于有选择性地进行输入、理解和利用，以达到更高效的学习效果。因此，在数字博物馆展示领域运用选择性理论时，必须高度重视受众的选择性行为，以确保展示效果的最大化。根据格式塔心理学家的研究，不同的格式塔会对个体的情绪反应产生截然不同的影响。有些格式塔呈现出一种令人愉悦的氛围，例如那些简约而完美的"形"所带来的舒适和自然之感，而那些不规则的"形"则会给人以紧张和不愉快之感。

所以，归纳起来，人类的认知行为表现出高度的选择性，人们总是倾向于挑选那些能够引起他们关注的事物，而这种选择性的首要考虑因素是记忆链条中最初的一个环节的形成。在数字博物馆的时代，以虚拟现实技术为基础，以增强现实为前提，以数字博物馆所提供的视听和其他语言符号的日益丰富和多元化为前提，我们必须认识到，人们的注意力只会被限制在有限的工作和地域范围内。对于博物馆的空间陈列而言，必须避免在有限的空间内进行毫无重点和主题的展览元素的展开；在博物馆叙事元素的设计中，特别是游戏性元素的运用，我们不难发现，人们一次完成最多1~2项重大任务，若被大量信息和任务所包围，记忆将会瞬间消失殆尽。因此，在数字博物馆展品研究工作中，如何以科学的方式运用注意力选择，仍然是一个值得深入思考的问题。

（二）认知参与：记忆

在经历了感知和其他表征符号的积累之后，我们进入了认知思维的第二层次，即记忆能力。在认知心理学中，我们将记忆分为三种主要的表现形式，分别是瞬时记忆、短时记忆和长时记忆，因此，接下来我们将着重探讨这三种记忆形式。

1. 瞬时记忆

短暂的时间内，当一个人暴露于刺激物后，其所感受到的感觉会被暂时存储于其记忆系统中，这种现象被称为瞬时记忆，也被称为感受记忆。视觉刺激所引发的感知记忆被归类为图像记忆，而听觉刺激所引发的感知记忆则被归类为声像记忆。这些短时记忆的最显著特征之一在于，尽管接收到的信息量巨大，但它们的保存时间却相对较短，当初始刺激消失时，它们所能维持的时间仅为几秒或几分之一秒。然而，认知心理学家指出，尽管短时记忆的时间较短，但作为人类感知器官的前端，它对于信息的初步接触和加工仍然具有更为重要的意义。

2. 短时记忆

英国心理学家艾伦·巴德雷首次将短时记忆命名为工作记忆，它强调的事同样在短时间内，工作记忆可以在包含了短时记忆的信息存储能力之外，还具有信息处理的功能。根据 L. R. 彼得森和 M. J. 彼得森等美国心理学家的实验研究，短时记忆对信息的维持时间也很短暂，通常只有十几秒的时间。

在巴德雷与黑奇等人的实验中，提出了一个由中枢执行系统、语音回路和视觉空间模板三个子系统构成的工作记忆系统。语音回路是一种以语音为基础的信息存储系统，其作用类似于耳朵，能够接收并记录语音信息；视觉空间模板是一种类似于眼睛的信息储存和处理工具，它通过中枢执行系统的主导作用，对视觉及其他信息进行增、减、改、新等加工处理。短时记忆是在学习或解决问题时，需要对新知识进行临时的记忆、编码和处理，因此需要将脑海中的长时记忆调出来，善加利用后再回归到长时记忆中。

3. 长时记忆

相较于瞬时记忆和短时记忆，长时记忆是一种更为持久的记忆方式，其最显著的特点在于知识信息的保存时间更为长久。在其研究中，哈瑞·巴瑞科得出结论，长时间的记忆可以持续短则数分钟，长则数年甚至终生。目前，研究长时记忆的学者们主要关注于其保存方式的探究，这一领域已成为研究的热点。为了探究长时记忆结构的奥秘，我们或许可以借助认知心理学家 A. 佩威奥提出的"双重密码"学说这一工具来解决相关问题。据其观点，人类所采用的长时记忆储存方式可分为言语系统和表象系统两类，前者以某种排列结构组织言语单位，后者则将原始视觉表象等信息聚合整理成复杂表象系统，这两种记忆方式既相互关联又彼此独立。

总的来说，人类的多层记忆系统是一个不断变化的过程，通过复述编码，短时记忆可以转化为长时记忆，而长时记忆也可以被提取出来用于短时记忆的使用。因此，我们需要提供一个适宜的场景和环境，以支持记忆系统进行多层次的转换。在数字化时代，我们身处于一个无处不在的学习环境中，被融入到一个无缝的学习空间中，通过与周围环境的互动，我们可以轻松地获取知识。认知参与行为的本质在于其与所处环境的相互作用，这种相互作用不仅实现了信息的自我共享和参与，同时也促进了认知过程的发展。

目前，数字博物馆空间中嵌入的多种交互式装置，如可穿戴式装置和3D显示屏等，与数字博物馆中的文化符号教学传播空间相融合，通过建立在生理、行动和言语上的自然习惯，与这些装置产生互动，从而产生环境感知作用，并将转化为符号的文物信息发送给执行互动操作的人们。因此，在数字博物馆学习空间中，人们获取文化信息的方式是多样而自然的，通过感官刺激中的短时记忆，与数字博物馆空间进行深度互动，从而获得更高水平的短期记忆。即使受众使用其移动设备并发送其所处地理位置，也能通过记录个体所选信息的喜好，实现个性化信息交互服务，从而在任何时间、任何地点对"口袋博物馆"进行研究并获得长时记忆，这为我们强化数字博物馆交互式叙事奠定了基础。

为了确保人们获得知识记忆的保障和源泉，我们需要引导他们与所处的物理空间进行尽可能多的互动行为。在数字博物馆的建设过程中，交互设计师们一致主张创造一种以人类意识为基础的场所，以促进人们之间的互动和交流。

（三）认知传播：思维

思维的塑造过程是最能体现人们主观能动性的重要性的过程。总体而言，人类的认知始于存储记忆的编码过程，随着信息的传播，这些编码被返回到个体内部，经过记忆解码和二次编码，最终形成了符号。人类在认知传播中扮演着主导角色，信息首先被各种视知觉器官所感知和筛选，接着经过理性思维的加工和体验，最终在思维层面上进行深刻的反思，最终将其储存于记忆之中。数字博物馆展品形态与造型的探索需要深刻关注人类深层心理结构，将身体心智提升至主动思考的高度，并通过心智层次的转换转化为身体经验上的认知，从而实现认知行为的传播效果。

1. 深度学习

数字博物馆作为一处重要的教育文化传播场所，致力于激发观众的深度学习热情和学习效果，这是数字博物馆发展的最终目标。卢布姆曾将认知领域中的学习目标分为六个层次，分别为知道、领会、应用、分析、综合及评价。然而，数字博物馆建设中需要持续思考的一个问题是，浅层学习认知水平仅仅停留在前两个层面，而要实现更高层次的认知，则需要不断探索应用、分析、综合和评估等方面。建构主义在认知学习理论中扮演着重要的角色，其核心理念在于鼓励学习者积极主动地构建心理表征的过程。在学习者积极构建知识的过程中,创造一个有利于深入学习和思考的环境和场景显得尤为重要。在这个过程中,学习者不仅吸收了新的知识,将其融入到原有的认知结构中,同时也引发了新知识和旧知识之间的矛盾,从而推动了原有知识结构的不断颠覆。通过强调知识的双向建构,学习者可以获得更为深刻的认知,从而提升其认知水平;因此,在博物馆展品的具体展示方式中,不仅需要展示文物本身,更重要的是通过一系列的发现行为,激发人们的思维,积极地发现和获取学习内容。以"数字故宫"为例,数字故宫的年观众数量约为1500万人次。通过将数字信息屏布于重要且显眼的场所,为观众提供精准的线路和游览信息,建立一些视频节目播放区,如书画馆播放区、主题视频片播放区、知识课堂体验互动区、陶瓷馆体验互动区和数字故宫体验馆等,使学习者能够通过自己的动手实践和设计,参与知识和经验的构建,从而更深刻地认识艺术观念。

为了促进知识的社会共享,学习者需要加强与实践共同体中其他成员的互动和相互对话,以深化对知识的认识,从而形成一个共同学习和沟通交流的发展体。这一种共享行为与人类传播行为所倡导的社会化过程理念不谋而合。认知传播并非孤立存在,正如哈贝马斯所主张的那样,人类作为社会系统的一部分,需要通过社会整合来确立其主体地位。因此,在数字博物馆的具体设计中,必须考虑到共享性这一社会因素,以满足使用者内心深处渴望与他人共享的心理需求。

2. 情感

在认知过程中,情感、情绪等心理因素在思维层面上扮演着至关重要的角色。著名情感理论家卡罗尔·伊扎德认为,情感在感知与注意层面上具有推动与导向作用。在人类认知过程的早期阶段,人们对所接触到的事物进行主观体验,当这些事物的属性与认知经验所储备的情感符号越来越接近时,相应的情感体验也会变得更加强烈。当一件物品本身承载着人类情感时,一旦人类接触到它,就会激发并满足其人类情感,从而在思维层面上获得最大程度的沉浸感。因此,在数字博物馆和观众之间建立和谐互动的过程中,强调情感交流是一项至关重要的环节。约翰·奈斯比特曾指出,无论何时,补偿性高情感都是必需的。随着社会高科技的不断发展,我们越来越渴望创造出具有高度情感共鸣的环境,以实现设计软性与科技硬性的完美平衡。在数字博物馆的设计过程中,必须深入了解人们的心理需求,以此为出发点来决定展品的陈列方式和藏品的互动方式,从而实现数字博物馆的审美和教育功能。以人们的心理需求为导向,以视觉信息为基础,运用增强现实技术呈现出令人惊叹的画面体验,让观众更深刻地感受到数字藏品的魅力,满足了人们对探险、求新、求美的情感需求,同时也增加了数字藏品的附加价值,促进了受众对数字藏品知识资源的更深入理解。

二、交互式叙事的体验层级

从人类认知心理的角度来看,交互式叙事体验在思维层面上经历了感觉、知觉和心理机制三个不同的发展阶段,而这些阶段都是按照认知心理的过程逐渐获得的。胡塞尔认为,人类的叙事体验层级是由多个感官之间的相互关联所构成的,而这些感官之间也存在着深层次的感受和经验联系。因此,每一次启动知觉的过程都意味着开启一个隐秘的感知领域,从而形成人类存在的根本原因的经验。因此,我们可以从人们所获得的互动式叙事体验入手,这实际上是回归到数字博物馆所倡导的"以人为本"的思想,以此来证明"技术是为人类服务的"这一核心概念。

(一)综合感官功能的体验

人类的感知系统由视觉、听觉、触觉、味觉和嗅觉五个系统构成,其中著名的视觉心理学家鲁道夫·阿恩海姆指出:"一切知觉中都包括着思维,一切推理都包含着知觉,一切观测中都包含了创造。"在人类接触新事物的过程中,感官功能的运用是必不可少的。身体各感官功能的感受强度存在以下差异:初次接触陌生事物的时候,其听觉接受率为15%,视觉接受率略高于听觉,为25%,而一旦听觉与视觉结合起来,接受率可高达65%。因此,在数字博物馆的交互式叙事体验中,不同程度的信息暴露会对人的感觉器官产生不同的接收效果,其中一个趋势是满足人们全方位的感官需求,以获得更加丰富的感受体验。传播学大师麦克卢汉认为,只有在感官得到充分的发展之后,人类才有可能成为一个更加完整的人类,这一观点与我们以上的论述不谋而合。

数字博物馆以满足人类综合感官功能感受为目标,运用相关多媒体技术,如3D扫描、数字语音导览和触摸屏装置等,构建了一个"多米诺"骨牌式效应的整体感官综合系统,当人们使用某一感官时,会触发存储于人脑内的印象,从而促进整体记忆和情绪的呈现。

(二)体验身体机能的延伸与拓展

身体功能的无限延伸体验,源自感官层面的转变。人类的身体和数字博物馆所处的空间之间的互动体验,明显地塑造了人们对其进行探索的互动方式。人类的身体感受和经验是他们用语言表达故事和思想的根源,因此,人类通过身体与周围的事物互动,以获得对世界的理解。

在古老的原始社会中,我们的身体和世界互动的方式是通过上下左右前后的简单动作来实现的,这些动作最初使我们能够以最基础的方式运动到任何地方,并与所处的环境产生双向的影响。随着数字博物馆人机交互技术的不断演进,以人体自然特征为出发点,轻松实现人体功能已成为一种趋势,为我们带来身临其境的感受。就像触摸屏幕的智能手机一样,只需轻轻一滑,便可实现多功能的转换;又如微信的广泛普及,也是因为其更多地是建立在人类语言的一对一传递机制之上。我们的数字博物馆应该成为一个充满智慧的空间,能够在其中瞬间识别出人体自然的动作、手势等,例如,他们应该能够更深入地了解更为复杂的手势命令,例如缩小、放大、旋转和移动等;其次,随着数字时代的到来,人类身体不再受到时空的双重限制,我们的身体已经不再是单纯的个人属性。数字博物馆利用地理位置的服务和应用,通过定位技术识别移动终端位置,共享推送数字博物馆咨询,并根据所处空间位置与千里之外的人们分享同类型数字博物馆信息。我们的身体具有"社交属性",因此可以在"赛博空间"这样的另一位置与他人的身体进行有效沟通。在数字博物馆所创造的虚拟空间交互式作品中,我们的身体能够突破现实空间的限制,通过各种人机界面,自由地进出现实空间和虚拟空间,从而实现全方位的立体式感知和欣赏,让人体得到全方位的感受。

(三)认知的参与体验

在认知心理学中,知觉是一项涉及对刺激信息进行深入解读、从而产生有意义的组织和意义的活动,其中最为重要的一环是通过关注和介入来实现。随着数字时代的到来,媒介环境变得越来越错综复杂,这是数字媒体与受众互动交流关系不断加强的结果之一。传统博物馆仅仅展示展品或将文物信息迁移至互联网上,无法满足强化与受众互动行为的本质需求,因此需要更深层次的互动方式。随着数字博物馆建设的不断推进,交互技术的便携性和互动性得到了充分的发挥。为了创造一个能够让受众体验探究、主动学习和社会交流的参观环境和学习活动,我们致力于让每个人都能够通过意识和精神实现与事物的交流互动,从而推动以人为本的知识结构的更新。因此,在当前形势下,单纯依靠感官刺激和体验已经无法满足需求,必须加强与人的互动,以获取独特的互动体验,这不仅符合时代潮流,而且符合人体认知结构的规律。

阿尔文·托夫勒在《未来的冲击》一书中指出,未来的经济将以体验经济为主导,从而使得生产者成为生产过程中的体验者,这一点毋庸置疑。在体验经济时代,数字博物馆未来建设的一个重要方面是通过立体化的传播和互动化的参观环境,为观众创造出更加优质的参观体验。过去,人们对展品的认知仅限于视觉感知,然而数字技术和数字博物馆的兴起为人们提供了互动的可能性。展品上的互动方式多种多样,包括信息筛选、查询和特定主动操作等,这些方式都能够激发人们的参与热情。人们更倾向于积极参与,而非被动接受，这导致他们更倾向于通过互动活动来获取和构建更新的知识结构。在数字博物馆的建设中，越来越强调人们在游览博物馆这一学习过程中的主动性和情境性，这为他们在心理层面上获得更多的乐趣和经验奠定了坚实基础。

端门博物馆于 2014 年底正式开馆，其中一幅珍贵的数字绘画作品名为《写生珍禽图》，是数字故宫的重要组成部分之一。在过去，人们与传统绘画作品的互动方式仅限于通过隔屏观看或听取旁边导游或导览器的语音介绍，缺乏更深层次的互动体验。在当今以触摸屏为载体的工程中，当游客接近屏幕超过一米时，手指轻点即可让珍禽异兽"活"过来；通过引导人们以手势和其他动作积极探究名画知识，从简单的动作观察转变为身临其境的视觉体验，进而引导人们对《写生珍禽图》进行全面感悟，以扩大人类的时空体验和提高机体的主动认知能力。

（三）情感的沉浸体验

人类的所有行为都受到情感的制约，然而在传统博物馆中，我们几乎无法感受到文物所蕴含的情感，因为这些文物只是被冷漠地陈列在博物馆中。数字博物馆为观众提供了两种不同的浏览方式，一种是在线浏览，另一种是离线浏览，从而提供了全方位的沉浸式体验。然而，单凭感官、认知和其他方面的经验显然不足以满足人类情感的高度复杂性，只有通过充分调动人类感性经验，实现人类与展品的感性融合，才能引发更为深刻的互动体验。

数字博物馆的情感体验强调通过多种感知手段与展品实时互动，以达到全身心的情感体验和交流。在具体的交互应用中，注重营造一种精神上的交流氛围，以激发人们内心深处的愉悦、享受、震撼和趣味等情感体验。因此，在数字博物馆展示具体项目时，唤起人们内心深处的情感共鸣是至关重要的。在此情境下，存在两种情感体验的倾向，值得引起重视。

1. 情感的娱乐性

博物馆曾是公众心目中的文化艺术交流殿堂，然而随着交互技术的广泛应用，博物馆与人们的互动交流日益频繁，数字博物馆则在传统文化的优雅与展示方式的积极之间取得了平衡。数字博物馆一直在探索提升用户情感的方法，其中之一是通过增加游戏元素的娱乐性来达到这一目的。例如，为了激发孩子们对艺术的学习兴趣，美国克利夫兰博物馆采用了 Studio play 项目，通过一块虚拟画布，让孩子们可以下载绘图等工具，从而完成他们的创作。这些工具不仅可以与博物馆的类似馆藏进行匹配，判断它们是否相似，还可以下载绘图工具上简单的线条、纹路或图案，以鼓励孩子们积极寻找与之类似的艺术品。在这一互动过程中，通过富有趣味性的互动方式，激发了儿童观众的积极性和参与度，同时也带来了更深层次的情感体验。无论是在实体博物馆的桌面式交互作品中增加游戏交互体验，还是在形塑虚拟空间展示中以游戏形式强化与使用者的互动，这种宽松的游戏化方式与早期哲学家所主张的一致：艺术是一种没有明确目标的游戏。因此，在数字博物馆的情感体验方面，越来越多的人主张采用更加轻松的娱乐方式，以打破博物馆展陈的"严肃刻板"形象，从而获得情感上的愉悦。

2. 情感的交流性

人类作为一种追求社会性的生物，在数字博物馆强化人类情感沉浸体验的过程中，除了关注展品接触瞬间产生的交互行为和情感体验，还应将人类社会交往行为纳入考虑范围。数字博物馆中社交媒体的诞生和应用始于此，如今大多数数字博物馆倡导与展品互动时，通常支持使用者通过共享、标签、创作等方式，也可以通过评论和其他形式在其社交群众中分享相关信息，并与其他内容提供者进行交流。在这个充满相似趣味和想法的群组中，情感交流的作用尤为显著，通过情感交流和互动，人们可以获取更多信息，从而建立更有意义的社会联系。

三、交互式叙事的时空体验

作品的叙事方式以时间和空间为基础，它被视为一套多变的音域和时值构建和阅读的双重键盘。随着新科技的迅猛发展，数字博物馆的互动叙事时空概念在多个维度上得以实现转型。叙事时间已经不再是具有物理意义的一种线性单向流动的结构，它已经具备了在不同使用者的积极参与下进行时间改造的能力，从而实现了作品叙事时间的消解和重组；随着时间的推移，叙事空间逐渐被细分为虚拟空间和真实空间，二者之间的关系变得越来越复杂和多元化，同时也更加具有可塑性。

（一）叙事时间的碎片化

一般而言，叙事学将时间划分为两类：一类是故事发生的时间，另一类则是所探讨的故事时间。随着交互技术的不断进步，用户主导的现实时间已成为我们在探讨数字博物馆交互式叙事时必须直面的时间理念。用户是现实时间的源头，而故事时间、叙事时间和现实时间则在交互式叙事过程中逐渐呈现出时间的线性和难以逆转的态势。在数字博物馆的应用展示中，时间线性结构被消除，用户可以持续地与展品故事时间互动，打破了原本封闭的线性时间序列，让观众更加自由地进出展品叙述时间，这些碎片构成了数字博物馆的万花筒，同时也带来了全新的时空体验。

在比利时安特卫普钻石博物馆设计的游戏中,以地理位置为背景,为玩家提供了时间和空间上的改变体验。当游客进入博物馆时,他们需要首先选择游戏中的某个与博物馆密切相关的角色,随后,使用移动设备接收到一张博物馆地图,自此,启动参观者的真实时间和展厅故事时间之间的互动。由于接下来他们需要花费 2 小时左右的时间,前往这座城市中的 10 个不同之处,以寻找游戏中设定的人物真实身份。在这样的故事设定中,时间会被压缩为瞬间,每个人进入 10 个地点之一,便意味着进入了另一个特定的时空。在数字博物馆所构建的叙事时间中,长期处于碎片化生存状态,使用者的真实时间与展品中的故事时间相互重叠、相互作用,只有根据地理位置而定的手机游戏才能准确地表达其时间意义。因此,数字博物馆中的叙事时间实际上是通过观众的现实时间和展品故事时间共同实现的,只有这样,才能完整地反映出展品的含义和艺术效果。

(二)叙事空间的虚实化

数字技术的不断进步,打破了传统时空概念的束缚,将叙事空间转化为"真实"和"虚拟"两个空间,其中"虚"和"实"极大地扩展了我国传统数字博物馆的叙事空间,二者的融合和多重建设打破了物理意义上的空间对人类思维和生理的限制,实现了一种"空间游牧"的自由流动。

吉登斯在其著作《现代性的后果》中提出了"脱域"这一核心概念,旨在消除社会关系在不确定性时间上的无限跨越所带来的联系。这一概念充分揭示了叙事空间所具备的超越地域的特质。主体跨越了真实空间的限制,通过互联网提供的超链接和虚拟现实技术提供的交互通道,进入了另一个虚拟空间,从而实现了空间的穿越。在同一空间维度中,真实空间和虚拟空间共存,用户可以通过数字技术构建的虚拟世界互动入口自由进出两个共存空间,摆脱时间的线程限制,获得更加逼真的身临其境的感受。

最近,奥地利维也纳科技大学的科学家们研发出了一款名为"仿真器"的虚拟现实系统,它可以让人们轻松地进入一个由博物馆文化走廊和众多虚拟人物构成的虚拟"文化迷宫",只需移动脚步,就能在有限的实体物理空间中创建虚拟空间博物馆,让人们在不出门的情况下,就能在实体房间中尽情体验到"坐地日行八万里"。

此处旨在探讨认知传播学的相关知识,并通过对人类认知心理分层结构的深入剖析,阐述人类认知是一个由感知觉认知选择、记忆认知介入和思维认知扩散三个层面构成的复杂关系,与数字博物馆所提供的互动叙事体验形成一一对应:全面的感官功能、身体延伸的功能、认知参与以及情绪沉浸,描绘一个交互式叙事体验图景,这个图景将人类视为主体,并以此重新解释在科技构建的万花筒世界中,人类应处于主体性位置的问题。

参考文献

[1] 安东尼·吉登斯. 现代性的后果［M］. 田禾, 译. 南京：译林出版社, 2022.

[2] 〗克里斯蒂安妮·保罗. 数字艺术数字技术与艺术观念的探索 原书第 3 版［M］. 李镇, 彦风, 译. 北京：机械工业出版社, 2021.

[3] 汤晓颖, 等. 数字化背景下博物馆交互叙事美学研究［M］. 武汉：武汉大学出版社, 2021.

[4] 何小雪. 当代博物馆教育创新与文化发展研究［M］. 长春：吉林文史出版社, 2020.

[5] 列夫·马诺维奇. 新媒体的语言［M］. 车琳, 译. 贵阳：贵州人民出版社, 2020.

[6] 吴浏. 数字媒体技术下博物馆公共教育创新实践研究［M］. 北京：中国纺织出版社, 2020.

[7] 沈恬. 新时代博物馆教育活动的策划与实施［M］. 长春：吉林人民出版社, 2019.

[8] 赵君香. 媒介环境学视域下的博物馆公共教育实践与探索［M］. 长春：吉林大学出版社, 2019.

[9] 胡玺丹, 王俊卿, 徐佳艺. 博物馆拓展类教育活动研究［M］. 上海：上海科学技术出版社, 2019.

[10] 陈瑞雪. 博物馆教育实践［M］. 长春：吉林文史出版社, 2019.

[11] 陈佩琳. 博物馆服务系统设计策略研究［D］. 合肥：合肥工业大学, 2019.

[12] 陈红京. 博物馆藏品数字化管理十讲［M］. 上海：上海交通大学出版社, 2019.

[13] 丁福利, 林晓平, 刘璐. 博物馆教育学程研究［M］. 郑州：河南人民出版社, 2018.

[14] 闫宏斌, 杨应时. 博物馆教育研究与实践［M］. 北京：文物出版社, 2017.

[15] 于连荣. 当代博物馆宣传教育工作［M］. 哈尔滨：黑龙江教育出版社, 2017.

[16] 朱莉·德克尔. 技术与数字化创举：博物馆的创新之道［M］. 余征, 译. 上海：上海科技教育出版社, 2017.

[17] 梁庆鹏. 数字化时代下的博物馆研究［M］. 北京：光明日报出版社, 2016.

[18] 北京联合大学,北京数字科普协会. 博物馆的数字化之路 [M]. 北京:电子工业出版社,2015.

[19] 郭俊英,王芳. 博物馆:以教育为圆心的文化乐园 [M]. 广州:暨南大学出版社,2011.

[20] 阿尔文·托夫勒. 未来的冲击 [M]. 蔡伸章,译. 北京:中信出版社,2006.